绿色发展经济学

主编 周 静 吕衍超 李 婷

吉林大学出版社

·长春·

图书在版编目(CIP)数据

绿色发展经济学 / 周静，吕衍超，李婷主编.
长春：吉林大学出版社，2024.7. -- ISBN 978-7-5768-3492-5
Ⅰ.F062.2
中国国家版本馆 CIP 数据核字第 2024UH1795 号

书　　名	绿色发展经济学
	LÜSE FAZHAN JINGJIXUE
作　　者	周　静　吕衍超　李　婷
策划编辑	张鸿鹤
责任编辑	张鸿鹤
责任校对	赫　瑶
出版发行	吉林大学出版社
社　　址	长春市人民大街4059号
邮政编码	130021
发行电话	0431-89580036/58
网　　址	http://www.jlup.com.cn
电子邮箱	jldxcbs@sina.com
印　　刷	北京四海锦诚印刷技术有限公司
开　　本	710mm×1000mm　1/16
印　　张	13.75
字　　数	220千字
版　　次	2025年3月 第1版
印　　次	2025年3月 第1次
书　　号	ISBN 978-7-5768-3492-5
定　　价	56.00元

版权所有　翻印必究

前 言

在人类历史长河中，经济发展一直是推动社会进步的核心力量。然而，随着工业化和现代化进程的不断加速，环境问题和资源约束日益凸显，传统的发展模式已难以为继。因此，一种新的、可持续的发展模式成为全球共识——绿色发展经济学应运而生。本书旨在深入探讨绿色发展经济学理论基础、实践路径和未来展望，为读者提供一本全面、系统的绿色发展经济学教材。

本书首先从经济学的基本概念入手，阐述了微观经济学概念、宏观经济学概念、中国经济学构建体系；其次对绿色经济发展的多元形态进行了思考，包括低碳经济、循环经济、共享经济和生态经济的崛起与创新发展；再次聚焦于绿色经济产业的高质量发展，分别从新能源、农业、工业和服务业四个角度进行研究，随后，探讨了新技术如何赋能绿色经济的全面发展，涉及物联网、大数据、人工智能和区块链技术；最后，从文化的角度出发，探索茶文化、农耕文化、红色文化等与绿色经济发展的融合与实践。

本书采用深入浅出的方式，让读者能够轻松理解绿色经济学的核心概念和理论框架。同时，本书还注重跨学科融合，将经济学、环境学、社会学等多个学科的知识有机结合，为读者提供更为全面和深入的视角。

本书在编写过程中，获得了许多专家和学者的帮助与指导，在此表示衷心的感谢。由于编者的能力有限，加之时间紧迫，书中可能存在一些遗漏之处，希望读者们能够提供宝贵的意见和建议，以便编者进行进一步的修订，使其更加完善。

编 者

2024 年 6 月

目　　录

第一章　经济学基础与体系构建 …………………………………… 1

第一节　经济学的概念理解 …………………………………… 1
第二节　微观经济学概述 ……………………………………… 14
第三节　宏观经济学概述 ……………………………………… 25
第四节　中国经济学构建体系 ………………………………… 34
练习与思考 ……………………………………………………… 40

第二章　绿色发展的理论与道路探索 ……………………………… 41

第一节　绿色发展的基本理论 ………………………………… 41
第二节　绿色发展的机制与立体治理 ………………………… 50
第三节　绿色发展的新道路与新举措 ………………………… 59
第四节　中国绿色发展及其现代化治理体系 ………………… 65
练习与思考 ……………………………………………………… 74

第三章　绿色经济发展的多元形态思考 …………………………… 75

第一节　低碳经济的崛起与创新发展 ………………………… 75
第二节　循环经济的崛起与创新发展 ………………………… 84
第三节　共享经济的崛起与创新发展 ………………………… 96
第四节　生态经济的崛起与创新发展 ………………………… 102
练习与思考 ……………………………………………………… 108

第四章　绿色经济产业的高质量发展探究 ………………………… 109

第一节　新能源产业的高质量发展 …………………………… 109

第二节　绿色农业经济的高质量发展 ··················· 117

　　第三节　绿色工业经济的高质量发展 ··················· 128

　　第四节　绿色服务业经济的高质量发展 ················· 134

　　练习与思考 ··· 142

第五章　新技术赋能绿色经济的全面发展 ··················· 143

　　第一节　物联网技术赋能绿色经济信息发展 ············· 143

　　第二节　大数据技术赋能绿色经济数字发展 ············· 149

　　第三节　人工智能技术赋能绿色经济效率发展 ··········· 156

　　第四节　区块链技术赋能绿色经济协同发展 ············· 167

　　练习与思考 ··· 174

第六章　绿色经济文化的特色发展与实践研究 ··············· 175

　　第一节　茶文化绿色经济金融管理模式思考 ············· 175

　　第二节　农耕文化与绿色经济协同发展的探究 ··········· 180

　　第三节　红色文化传承与绿色经济的融合发展 ··········· 188

　　第四节　绿色发展理念引领经济文化建设研究 ··········· 193

　　练习与思考 ··· 207

参考文献 ··· 208

第一章 经济学基础与体系构建

第一节 经济学的概念理解

一、经济学的定义

经济学,从字面上理解,就是关于"经济"的学问。然而,这里的"经济"并非简单的"金钱"或"物质"的代名词,而是涵盖人类社会中所有与资源分配、生产和消费相关的活动。在古典经济学时期,经济学的研究对象和范畴主要集中于对国家财富的探讨,侧重如何通过自由市场机制提高生产效率,实现国民财富的增长,并关注财富如何在不同社会阶级之间分配。此时期倡导的自由市场理念和对"看不见的手"理论的推崇,形成了自由放任经济的理论基础,并对后来的经济学思想产生了深远影响。

随着20世纪的到来,经济学进入了新古典时期,这一时期的经济学家像阿尔弗雷德·马歇尔[1]和莱昂·瓦尔拉斯[2]等人引入边际分析和供需理论,使得经济分析变得更为数字化和精准化。此时期的经济学还强调了消费者行为、企业决策和一般均衡理论,为现代微观经济学的发展奠定了基础。

进入20世纪中叶以后,宏观经济学的诞生标志着经济学的重要转变。约翰·梅纳德·凯恩斯[3]的《就业、利息和货币通论》一书对总需求不足导致的失业问题提出全新见解,开创了以政府干预为核心的宏观经济学。随后,学者们

---

[1] 阿尔弗雷德·马歇尔被誉为新古典经济学之父,他的主要贡献在于将经济学家的思想以严密的逻辑和数学分析系统化,形成了经济学理论。马歇尔的研究重点包括局部均衡理论、消费者剩余理论、准地租概念以及对工资、利息和利润的分析。

[2] 莱昂·瓦尔拉斯以研究一般均衡理论闻名,他认为不同的市场之间是相互联系和相互依赖的,并将整个经济的不同市场结合在一起研究。瓦尔拉斯的思想对于现代经济理论,尤其是一般均衡理论的发展具有重要影响。

[3] 约翰·梅纳德·凯恩斯是20世纪初英国的一位著名经济学家,他的理论和思想对现代经济学产生了深远的影响。

进一步开展货币理论、财政策略、经济周期理论等方面的研究，深化了对宏观经济波动和政策应对的理解。

至20世纪末及21世纪初，经济学的研究范围进一步拓展，包括但不限于市场行为、政策分析、国际经济关系、经济增长与发展、环境经济学等领域。市场行为的研究领域涉及信息不对称、博弈论、行为经济学等，这些研究挑战并丰富了传统经济理论。政策分析则着重于评估不同政策措施的效果，为政策制定提供科学依据。国际经济关系方面的研究越来越重要，全球化趋势下各国经济紧密相连，贸易、金融流动、汇率等问题成为重要的研究议题。经济增长与发展领域关注贫困、不平等、技术进步和人力资本等问题。环境经济学则因应对全球气候变化等生态危机，将环境因素融入经济分析，拓宽可持续发展的途径。

综上所述，经济学作为一门动态发展的社会科学，其定义和研究范围随着时代的变迁不断演进。从最初的财富增长和分配问题到现代多元复杂的研究领域，经济学始终致力于探索人类行为与资源配置之间的关系，以及如何提升整体社会的福祉。

二、经济学的特性

（一）学科性

经济学的学科性指的是经济学作为一门独立学科的基本特征和属性。

第一，学术规范的遵循。经济学的学术规范是其学科性的重要保障。在经济学研究中，研究者必须遵循严格的假设设定、模型构建、数据收集、分析方法和结论验证等规范。这些规范能确保经济学研究的客观性、可靠性和可重复性。此外，经济学界鼓励学术批评和辩论，这有助于发现和纠正理论缺陷，推动经济学理论的发展。

第二，知识的传承与发展。经济学的学科性还体现在其知识的传承和发展上。经济学作为一门学科，其知识体系是历代经济学家智慧的结晶。通过教育和学术研究，经济学知识得以传承和发展。经济学教育不仅传授理论知识，还培养学生的批判性思维、分析问题和解决问题的能力。此外，经济学研究不断吸收新的理论观点和研究方法，推动经济学知识的创新。

第三，学科交叉的融合。经济学的学科性还体现在其与其他学科的交叉融合上。经济学与政治学、社会学、心理学、历史学等学科相互渗透，形成政治经济学、社会经济学、行为经济学、经济史等新的研究领域。这些交叉学科不仅丰富了经济学的研究内容，也拓宽了经济学的研究范围，提高了经济学的解释力和应用价值。

第四，学术共同体的建设。经济学的学科性还体现在其学术共同体的建设上。经济学界通过学术会议、学术期刊、学术组织等形式，构建了一个开放、合作、竞争的学术共同体。这个学术共同体促进了经济学家之间的交流与合作，推动了经济学理论的发展和创新。同时，学术共同体也通过同行评审、学术评价等机制，维护经济学研究的质量和标准。

第五，学科教育的普及。经济学的学科性还体现在其学科教育的普及上。随着经济全球化和市场经济的发展，经济学教育在世界范围内得到普及。越来越多的大学开设经济学专业，培养了大量的经济学人才。这些经济学人才在政府部门、企业、金融机构、国际组织等领域发挥着重要作用，推动经济的发展和社会的进步。

第六，学科研究的社会责任。经济学的学科性还体现在其研究的社会责任上。作为一门社会科学，经济学研究不仅要追求学术的真理，还要关注社会的实际问题。经济学家通过研究贫困、失业、收入分配、环境污染等社会问题，为解决这些问题提供理论支持和政策建议。此外，经济学家还通过公共讲座、媒体评论、政策咨询等形式，传播经济学知识，提高公众的经济素养，履行其社会责任。

（二）应用性

经济学的应用性是指经济学理论在实际生活中的应用。经济学是一门社会科学，它研究人类在获取、使用和分配资源时的行为和决策。经济学的应用性体现在许多方面，包括政府政策制定、企业经营决策、个人财务管理、国际贸易、金融风险管理等。

在政府政策制定方面，经济学的应用性表现为经济学家们通过对经济现象和经济政策的分析，为政府提供决策依据，帮助政府制定出更有效的经济政策。例如，在制定税收政策时，政府需要考虑税收对经济的激励和约束效应，以及税收对不同收入阶层的影响。经济学家们可以通过研究税收政策的历史和现行情况，以及各方对不同经济环境的反应，为政府提供决策建议。

在企业经营决策方面，经济学的应用性表现为经济学家们通过对市场需求、消费者行为、企业竞争环境等因素的分析，为企业提供决策依据，帮助企业在激烈的市场竞争中获得优势。例如，在制定产品价格时，企业需要考虑消费者的需求和支付能力、产品成本、竞争对手的定价策略等因素。经济学家们可以通过研究消费者行为、市场结构等理论，为企业的定价策略提供参考。

在个人财务管理方面，经济学的应用性表现为经济学家们通过对个人财务行为和决策的分析，为个人提供理财建议，帮助个人实现财务目标。例如，在制定个人预算时，个人需要考虑收入、支出、储蓄等因素。经济学家们可以通过研究个人财务行为和决策的理论，为个人提供制定预算和投资策略的建议。

在国际贸易方面，经济学的应用性表现为经济学家们通过对国际贸易模式、国际市场需求、贸易政策等因素的分析，为国家和企业提供国际贸易决策依据，帮助国家和企业在国际贸易中获得更大的利益。例如，在制定出口退税政策时，政府需要考虑退税对出口企业的影响，以及退税对国家财政的影响。经济学家们可以通过研究国际贸易理论和实践，为政府和企业提供国际贸易决策建议。

在金融风险管理方面，经济学的应用性表现为经济学家们通过对金融市场的波动和风险因素的分析，为金融机构和投资者提供风险管理建议，帮助他们规避风险和损失。例如，在制定股票投资组合时，投资者需要考虑股票市场的风险和收益，以及不同股票之间的相关性。经济学家们可以通过研究金融市场的理论和实践，为投资者提供制定投资组合和风险管理的建议。

（三）系统性

经济学的系统性是指将经济活动视为一个相互联系、相互作用的复杂系统，通过分析经济行为、经济结构、经济政策和经济结果之间的内在联系，来理解经济现象和经济过程。系统性是经济学研究的核心特性之一，它要求经济学家在分析问题时，不仅要关注单个经济主体的行为，还要考虑整个经济系统的运行机制和外部环境的影响。

第一，经济系统的构成。经济系统由多个相互联系的部分组成，包括生产、分配、交换和消费等环节。生产环节涉及资源的配置和利用，分配环节涉及收入的分配，交换环节涉及商品和服务的流通，消费环节则是经济活动的最终目的。这些环节相互依存，共同构成经济系统的循环和流动。

第二，经济行为的互动性。经济学的系统性强调经济行为的互动性。在市场经济中，消费者、企业和政府等经济主体通过市场机制相互作用，形成复杂的经济关系。消费者的购买决策影响企业的供给决策，企业的定价策略影响消费者的需求，政府的宏观政策影响整个经济的运行。这种互动性要求经济学家在分析经济问题时，必须考虑不同经济主体之间的相互影响。

第三，经济结构的层次性。经济结构具有层次性，包括产业层次、企业层次和产品层次等。不同层次的经济结构之间存在内在联系，高层次的经济结构对低层次的经济结构具有指导和约束作用。例如，产业结构的变化会影响企业的市场机会和竞争格局，企业的规模和效率会影响产品的质量和价格。经济学的系统性要求在分析经济问题时，必须考虑不同层次经济结构的相互作用。

第四，经济政策的协调性。经济政策的制定和实施需要考虑经济系统的协调性。财政政策、货币政策、产业政策等不同类型的经济政策之间存在相互影响和相互制约的关系。一项政策的实施可能会对其他政策产生溢出效应，影响整个经济系统的稳定和发展。因此，经济学家在制定和评估经济政策时，必须考虑不同政策之间的协调性，以实现经济系统的最优运行。

第五，经济周期的动态性。经济系统具有动态性，经济活动会经历周期性的波动。经济周期包括扩张、顶峰、衰退和底部等阶段，这些阶段相互衔接，形成经济的周期性循环。经济周期的动态性要求经济学家在分析经济问题时，必须考虑时间因素，掌握经济变量随时间变化的规律。

第六，经济外部性的普遍性。经济活动会产生外部性，即一个经济主体的行为会对其他经济主体产生影响，而这种影响并未完全反映在市场交易中。外部性普遍存在于经济系统中,包括正外部性,和负外部性。正外部性,如技术溢出、知识传播等,可以促进经济增长和社会进步;负外部性,如环境污染、资源浪费等,会对经济和社会造成损害。经济学的系统性要求在分析经济问题时,必须考虑外部性的影响。

第七,经济全球化的影响。在全球化背景下,不同国家的经济系统相互联系、相互依赖,形成全球经济系统。国际贸易、国际投资、国际金融等跨国经济活动对各国经济产生重要影响。经济全球化要求经济学家在分析经济问题时,必须考虑全球经济系统的运行机制和国际经济关系的影响。

第八,经济系统的可持续性。经济系统的可持续发展是经济学系统性研究的重要内容。在资源有限、环境脆弱的条件下,如何实现经济的长期稳定增长,是经济学面临的重大挑战。经济学家需要研究经济增长与资源利用、环境保护、社会公平等问题之间的关系,提出促进经济系统可持续发展的理论和政策。

第九,经济系统的复杂性。经济系统是一个典型的复杂系统,具有非线性、不确定性和自组织等特点。经济变量之间存在复杂的相互作用关系,经济系统的运行受到多种因素的影响,包括技术进步、制度变迁、文化传统等。经济学的系统性要求在分析经济问题时,必须考虑经济系统的复杂性,采用系统分析、动态分析和多学科交叉的方法。

第十,经济系统的演化性。经济系统不是静态的,而是在不断演化的过程中。技术进步、制度创新、文化变迁等因素推动经济系统的演化。经济系统的演化性要求经济学家在分析经济问题时,必须考虑经济系统的历史背景和发展趋势,掌握经济系统随时间变化的规律。

(四) 决策性

经济学的决策性体现在个体、企业、政府等不同经济主体在面对资源稀缺性时,如何做出合理的选择,以实现效用最大化或社会福利最大化。

第一,个体决策。个体决策是经济学中最基本的研究对象。经济学假设个体是理性的,他们在有限的资源约束下,追求自身利益的最大化。个体决策涉及消费、储蓄、投资、劳动供给等方面。例如,消费者如何在有限的收入下,选择不同的商品和服务组合，以实现效用最大化。劳动者如何在工作和闲暇之间做出选择，以实现自身福利的最大化。个体决策还受到信息不对称、风险和不确定性等因素的影响。信息不对称会导致市场失灵，造成如逆向选择和道德风险等问题。风险和不确定性使得个体在做决策时，需要权衡预期收益和潜在风险。因此，个体决策并非完全理性，而是有限理性的。

第二，企业决策。企业决策是经济学中另一个重要的研究领域。企业作为市场经济的主体，其决策行为对资源配置和经济效率具有重要影响。企业决策涉及生产、投资、研发、市场定位等方面。企业在决策时，需要考虑市场需求、成本、技术、竞争等因素。企业决策的目标是实现利润最大化。为了实现这一目标，企业需要制定合理的产品定价策略、生产规模、研发投入等。此外，企业还需关注市场变化，及时调整经营策略。在全球化背景下，企业还需考虑国际市场的竞争和合作。

第三，政府决策。政府在经济活动中扮演着重要角色，其决策行为会对经济运行产生深远影响。政府决策涉及财政、货币、产业、区域发展等方面。政府在决策时，需要考虑公平、效率、稳定等多个目标。

财政政策是政府实现宏观经济调控的重要手段。通过调整税收和支出，政府可以影响总需求，实现经济增长、就业、通胀等目标。货币政策则通过调控货币供应和利率，影响金融市场和信贷活动，进而影响经济运行。产业政策和区域发展政策是政府引导经济发展的重要手段。政府通过制定产业政策，推动产业结构升级，培育新兴产业，提高国家竞争力。区域发展政策则旨在缩小地区差距，促进全国经济均衡发展。

（五）稀缺性

稀缺性是经济学理论的基石，是理解现实经济现象、指导经济政策制定的关键。稀缺性，在经济学中指的是相对于人类无限多样、不断上升的需求而言，满足这些需求的资源在数量上总是有限的。这种有限性不仅体现在资源的绝对数量上，更体现在资源的可利用性、可替代性以及可获取性等多个方面。稀缺性是经济物品的本质特征之一，它决定经济活动的核心问题——资源如何有效配置。

第一，资源配置。稀缺性决定资源必须得到有效配置，以实现最大的经济效益。在市场经济中，供求关系决定价格，价格机制则引导资源向最需要的地方流动。

第二，经济增长。资源的稀缺性促使人们不断寻求更高效的生产方式和技术创新，以提高资源的利用效率。

第三，社会公平。资源的稀缺性也引发了社会公平问题。如何公平地分配有限的资源，确保每个人的基本需求都得到满足，是经济学和社会学共同关注的问题。

第四，稀缺性与效率。稀缺性要求人们在有限的资源下追求效率。效率包括两个方面：生产效率和配置效率。生产效率是指在既定的资源下，创造尽可能多的产品和服务。配置效率是指资源在不同用途之间的分配，使得社会总福利最大化。稀缺性使得人们必须追求效率，以提高资源的利用价值。通过技术创新、制度创新和管理创新，可以提高生产效率和配置效率，实现资源的优化配置。

第五，稀缺性与创新。稀缺性是创新的重要动力。由于资源有限，人们需要不断寻找新的资源利用方式和替代品，以满足不断增长的需求。创新可以包括技术创新、制度创新、管理创新等方面。技术创新可以提高生产效率和资源配置效率，开辟新的资源领域。制度创新可以优化资源配置机制，提高资源利用效率。管理创新可以提高组织效率和决策效率，实现资源的最优配置。

三、经济学的功能

第一，经济学具有解释和预测经济现象的功能。经济学通过提供框架、模型和概念，帮助人们更好地理解和解释经济现象。例如，供求理论解释了价格是如何形成的，货币供应理论解释了通货膨胀的原因。这些理论还能够用来预测未来的经济趋势，帮助政府、企业和个人做出明智的决策。通过经济学的解释和预测功能，人们可以更好地理解经济现象背后的原因和规律，从而为经济决策提供科学依据。

第二，经济学具有识别潜在问题和挑战的功能。经济学理论有助于识别和理解经济中的潜在问题和挑战。通过分析市场失灵、不平等、资源短缺等问题，经济学家能够提供解决方案，改善社会福祉。例如，市场失灵的情况下，经济学家通过研究市场机制和政府干预的必要性，提出监管垄断、提供公共物品以及实施反托拉斯法规等政策建议，以确保市场更加有效和公平。经济学通过识别潜在问题和挑战的功能，为社会经济问题的解决提供理论支持和实践指导。

第三，经济学具有促进经济研究的功能。经济学理论的发展鼓励了广泛的经济研究。研究人员通过测试理论、收集数据和制定模型来深入了解经济现实，从而推动学科的进步。经济学是一门不断发展和演进的学科，其中理论的发展是推动进步的重要驱动力之一。新的经济理论不断涌现，以解释和解决不断变化的经济问题。这些理论的提出能激发研究人员的兴趣，鼓励他们进行实证研究，验证理论的有效性，并提出新的见解。经济研究的推进不仅有助于理论的验证，还可以为政策制定者提供实际的经济数据和建议，以支持决策制定过程。

第四，经济学具有跨学科交叉的功能。经济学的应用不仅仅局限于经济领域，它还可以用来解释和分析各种社会现象和行为。例如，政治经济学研究了政治和经济之间的相互关系，探讨政府政策如何影响经济，以及经济条件如何影响政治决策。社会学也借鉴经济学理论，以更好地理解社会结构、不平等现象和社会动态。心理学与行为经济学的交叉研究也变得越来越重要。行为经济学借鉴了心理学的观点，研究人类决策和行为背后的心理机制。此外，经济学理论还涉及其他领域，如环境学、卫生经济学和教育经济学，以探讨环境政策、卫生保健系统和教育政策等领域的问题。这些交叉研究有助于解决跨学科问题，并提供更综合的解决方案。

第五，经济学具有为决策提供多样性的功能。经济学的多样性体现在不同的学派和理论框架中，如凯恩斯经济学、新古典经济学、奥地利经济学等，每个学派都提供独特的视角和解决问题的方法。这些理论的多样性有助于政策制定者和研究人员更全面地考虑经济挑战和机会。例如，当政府面临经济衰退时，凯恩斯经济学提供通过增加公共支出来刺激需求的方法。另外，新古典经济学强调市场的自我调节能力，并主张减少政府干预。这种多样性不仅有助于产生更全面的政策建议，还促进了经济学领域的创新和发展。通过在不同理论和观点之间进行辩论和研究，经济学家能够不断改进和完善他们的理论，以更好地解释和应对经济现实。

四、经济学的影响

第一,经济学与政策制定。经济学对政策制定的影响主要体现在为国家或地区宏观经济管理提供理论依据和方法指导等方面。自改革开放以来,中国经济学界积极借鉴和引进国外经济学理论,结合中国实际情况,为中国经济体制改革和经济发展提供有力支持。从计划经济向市场经济的转型,到供给侧结构性改革,经济学理论都发挥了重要作用。

第二,经济学与企业经营。经济学对企业经营的影响主要体现在为企业提供决策依据上。企业在进行投资、生产、定价等决策时,需要充分考虑市场需求、成本、竞争等因素。经济学理论,如供需分析、成本效益分析等,为企业决策提供科学依据。此外,经济学还为企业提供战略管理的理论和方法,如波特五力模型、价值链分析等,帮助企业识别竞争优势,制定发展战略。

第三,经济学与个人消费。经济学对个人消费的影响主要体现在引导消费者理性消费和提高消费者福祉上。经济学理论,如边际效用递减原理、消费者行为理论等,帮助消费者认识到消费过程中的心理和经济规律,从而更加理性地安排消费。此外,经济学研究还关注如何通过政策调整提高消费者福祉,如反垄断政策、消费者权益保护等。

第四,经济学与社会发展。经济学对社会发展的影响主要体现在推动社会公平、效率和可持续发展上。经济学研究关注资源配置的效率和公平问题,如收入分配、教育、医疗等领域的公平与效率问题。通过研究这些问题,经济学为政策制定者提供优化资源配置、提高社会福利的理论依据。同时,经济学还关注可持续发展问题,如环境保护、资源利用等,为推动人与自然和谐共生提供理论支持。

第五,经济学与其他学科的交融。经济学与其他学科的交融产生许多新兴学科,如金融学、国际经济学、产业经济学等,这些学科的发展为经济学研究提供更广泛的视野和方法。同时,经济学理论和方法也被广泛应用于其他学科,如政治学、社会学、心理学等,进而推动这些学科的发展。

第六,经济学与全球化。经济全球化背景下,经济学对国际经济秩序和全球经济治理具有重要影响。经济学理论，如比较优势理论、国际收支理论等，为各国参与国际经济合作、制定对外经济政策提供理论依据。此外，经济学研究还关注全球经济治理体系改革，如国际货币体系、国际贸易体系等，为推动全球经济秩序更加公平、合理提供理论支持。

五、经济学的研究目的与方法

（一）经济学的研究目的

经济学的研究目的在于理解和解释经济现象、预测经济行为，以及为经济决策提供科学依据。经济学的研究目的主要包括以下几个方面：

第一，揭示经济规律。经济学试图揭示经济行为和经济现象之间的内在联系和规律，以便更好地理解经济运行机制。通过对经济规律的研究，经济学可以为制定经济政策提供理论依据。

第二，提高经济效益。经济学关注如何优化资源配置，提高生产效率和经济效益。通过研究生产要素的合理配置、生产力发展和技术进步等问题，经济学为提高经济效益提供指导。

第三，促进经济发展。经济学研究经济发展过程中的各种问题，如经济增长、结构调整、区域发展等，旨在为制定和实施经济发展战略提供理论支持。

第四，改善民生。经济学关注民生问题，研究收入分配、就业、社会保障、环境保护等方面的经济问题，为改善民生提供政策建议。

第五，预测经济走势。经济学通过分析历史数据和现实经济状况，预测未来经济走势，为政府和企业决策提供参考。

（二）经济学的研究方法

1. 实证分析法

实证分析法是经济学研究中的一种基础方法，它侧重于客观地收集和分析数据，以确定经济变量之间的关系和经济运行的实际情况。这种方法的优点是具有科学性、可量化性和可验证性。使用实证分析法的研究者通常会采用各种统计技术，如回归分析、假设检验、时间序列分析等，来评估理论模型与现实数据的吻合度。

进行实证研究时，首先需要明确研究的问题并提出可证伪的假设；其次，收集相关数据，这可能包括历史数据、调查数据、实验数据等，数据收集之后，研究者会运用适当的计量经济学模型对数据进行处理和分析，以测试假设是否成立；最后，根据分析结果形成结论，这些结论能够为政策制定提供依据，或指导进一步的理论构建。

实证分析法在现代经济学中占据重要位置，特别是在政策评估、宏观经济预测及市场研究等领域发挥着关键作用。然而，该方法也有缺点，如在数据质量、模型设定偏误、因果关系解释等方面可能存在限制。

2. 规范分析法

规范分析法与实证分析法不同，它涉及价值判断和伦理标准，关注的是经济活动"应该怎么样"的问题。在规范分析中，研究者会基于某些既定的原则或目标，如效率、公平、增长等，来评价经济政策、制度或行为的好坏。

规范分析通常开始于确立一个目标或标准，接着通过逻辑推理和论证来说明如何达到这个目标。例如，在讨论税收政策时，规范分析可能会考虑如何通过调整税率来实现收入再分配，以达到社会公平的目标。在这一过程中，研究者不仅依赖经济理论，还可能引入哲学、社会学和政治学等领域的知识。

尽管规范分析在提出政策建议和引导道德经济行为方面具有重要作用，但它也常常受到主观性的影响。不同研究者的价值观念可能不同，因此可能导致不同的规范性结论。此外，由于缺乏明确的评价标准，规范分析的结论有时难以进行客观的验证。

3. 边际分析法

边际分析法是微观经济学中的一种核心工具，用于决策和最优化问题的分析。它关注某一变量在边际上的变动，即增加或减少一单位该变量时所导致的结果变化。比如，边际成本指的是生产额外一单位商品所需的额外成本；边际效用则指消费者从消费额外一单位商品所得到的额外满足。

在利用边际分析法进行决策时，原则上通常是在边际成本等于边际收益的情况下寻找最优解。例如，企业在决定产量水平时，会比较生产一个额外产品带来的收益（边际收益）和生产这个产品的额外成本（边际成本），当两者相等时，企业便实现了利润最大化。

虽然边际分析法在解释个体决策行为方面非常有用，但它的应用也有一定的局限性。例如，在现实中很多情况并不满足边际分析所依赖的连续性和可微性假设。此外，边际分析往往忽视整体情况和其他非边际因素的影响。

六、经济学的应用领域

经济学是一门研究人类行为和资源配置的学科，它不仅关注理论上的探讨，更注重将经济学原理应用于实际问题中。经济学在许多领域都有广泛的应用，以下是其中一些重要的应用领域：

第一，金融领域。金融市场和金融工具是经济学的重要研究对象。经济学家通过研究金融市场的供求关系、利率、货币政策和股票价格等，可以预测市场的走势，为投资者提供决策依据。同时，经济学家还可以通过研究金融市场中的风险和不确定性，为金融决策者提供风险管理策略。

第二，政策制定。政府需要制定各种政策来促进经济增长、减少贫困和不平等、保护环境等。经济学家可以通过分析经济数据和模型，为政策制定者提供决策建议。例如，经济学家可以研究税收政策、货币政策、劳动市场政策等，以确定其对经济增长和就业的影响。

第三，企业管理。企业需要制定各种决策来最大化利润和效率。经济学家可以通过研究市场结构、生产成本、市场需求等，为企业提供决策建议。例如，经济学家可以研究竞争对手的行为、市场需求的变化、生产成本的变化等，以帮助企业制定最优的生产和销售策略。

第四，社会福利。经济学家可以研究福利制度的效率和公平性，并为政策制定者提供建议。例如，经济学家可以研究社会保障制度、医疗保险制度、教育福利制度等，以确定其对经济增长和就业的影响，并为政策制定者提供优化建议。

第二节 微观经济学概述

微观经济学，顾名思义，研究的是经济体系中的微观层面，即个体经济单位的经济行为。这些个体经济单位包括消费者、生产者和资源拥有者等。微观经济学关注于这些个体如何做出决策，以及这些决策如何影响整个市场的供求关系和价格机制。随着经济学的不断发展，微观经济学逐渐形成自己的理论体系，包括供求理论、价格机制、边际分析、市场结构等核心内容。

一、微观经济学的作用

微观经济学为经济学提供了坚实的理论基础，揭示了市场经济中供求关系、价格机制等基本原理，为其他经济学分支学科的研究提供了重要的理论支撑。微观经济学的理论和方法在企业管理中具有广泛的应用。企业可以利用微观经济学的理论来制定最优的生产和销售策略，提高经济效益和市场竞争力。微观经济学的研究成果也有助于指导个人经济决策。消费者可以利用微观经济学的理论来评估不同商品和服务的性价比，做出更加理性的消费选择。

微观经济学的研究不仅具有理论价值，而且会对社会经济生活产生深远的影响。首先，它揭示了市场经济中供求关系、价格机制等基本原理，为我们理解市场经济的运作提供重要的分析工具。其次，微观经济学的研究成果为政策制定提供有益的参考，有助于纠正市场失灵现象，促进经济健康发展。最后，微观经济学的理论和方法在企业管理、个人决策等方面也具有广泛的应用价值，有助于提高经济效益和社会福利水平。

二、微观经济学的研究内容

（一）消费者行为

消费者行为是经济学中的一个重要分支，研究的是消费者如何做出购买决策以及这些决策如何受到市场、文化、心理等因素的影响。消费者行为对于市场经济的运行和发展具有重要的意义,下面将从几个方面详细论述消费者行为的相关内容。

1. 消费者需求

消费者需求是市场经济中最为核心的概念之一,它涉及消费者在特定的时间、地点和条件下,对某种商品或服务的需求量。消费者需求的表现形式多种多样,既可以是显性的,也可以是隐性的。显性需求是指消费者明确表达出来的需求,如购买某种商品或服务;而隐性需求则是指消费者尚未明确表达,但可能存在的需求,如对某种新型号手机的好奇和兴趣。

(1) 收入水平。消费者的收入水平是影响其需求的关键因素。收入水平越高,消费者的购买力越强,对商品和服务的需求量也越大。反之,收入水平较低时,消费者的购买力受到限制,需求量相应减少。

(2) 商品价格。商品价格是影响消费者需求的重要因素。价格与需求量成反比关系,即价格上升时,需求量下降;价格下降时,需求量上升。此外,消费者对价格的敏感程度也会影响需求,如生活必需品的需求对价格变动较为敏感,而奢侈品的需求对价格变动相对不敏感。

(3) 替代品和互补品。替代品和互补品也是影响消费者需求的重要因素。替代品是指可以相互替代的商品或服务,如猪肉和牛肉;互补品是指需要搭配使用的商品或服务,如电脑和打印机。当替代品价格较低时,消费者可能会转向购买替代品,从而降低原商品的需求;而当互补品价格较低时,消费者可能会增加对原商品的需求。

(4) 市场需求。市场需求是指在一定时间内,市场上所有消费者对某种商品或服务的需求总量。市场需求受到多种因素的影响,如人口规模、收入水平、消费观念等。市场需求的变化会直接影响消费者需求。

(5) 消费者偏好。消费者偏好是指消费者对不同商品或服务的需求程度和偏好的差异。消费者偏好受到多种因素的影响,如个人经验、文化、社会、心理等。消费者偏好会直接影响消费者对商品或服务的需求量。

2. 消费者决策

消费者决策是指消费者在购买商品或服务时，根据自身需求和市场情况，选择购买的决策过程。消费者决策受到多种因素的影响，如信息、心理、文化、社会等。消费者决策的过程可以分为五个阶段，即需求识别、信息搜索、评估替代品、购买决策和购买后评价。

（1）需求识别。需求识别是消费者决策过程的起点，指消费者认识到自己需要某种商品或服务。需求识别可以源于内在需求，如饥饿、口渴等生理需求；也可以源于外在刺激，如广告、促销等。

（2）信息搜索。信息搜索是消费者为了满足需求，主动寻找相关信息的过程。信息来源包括广告、口碑、网络、专业人士等。信息搜索的目的是更好地了解商品或服务的特点、价格、性能等，以便做出更明智的购买决策。

（3）评估替代品。在信息搜索的基础上，消费者需要对各种替代品进行评估。评估内容包括商品或服务的质量、价格、性能、品牌等。消费者会根据自己的需求和偏好，对替代品进行排序和筛选。

（4）购买决策。购买决策是消费者在评估替代品的基础上，做出最终购买选择的过程。购买决策受到多种因素的影响，如消费者偏好、支付能力、商品供应等。消费者需要在有限的预算内，选择最满意的商品或服务。

（5）购买后评价。购买后评价是消费者在购买商品或服务后，对购买决策和商品或服务实际使用效果的评价。购买后评价会影响消费者未来的购买行为和口碑传播。满意的购买后评价会增加消费者对商品或服务的信任和忠诚度，从而提高重复购买率；而不满意的购买后评价则会降低消费者的信任和忠诚度，甚至可能导致消费者转向竞争对手。

3. 消费者偏好

了解消费者偏好对于企业和市场营销具有重要意义，因为只有满足消费者的偏好，才能吸引消费者购买商品或服务，从而实现企业的经营目标。

（1）个人经验。个人经验是影响消费者偏好的重要因素。消费者通过实际使用商品或服务，积累了对其质量、性能等方面的认知和评价。这些经验会影响消费者对未来购买的选择。

(2) 文化。文化是影响消费者偏好的另一个重要因素。不同的文化背景会导致消费者对商品或服务的需求和偏好存在差异。例如，在中国，红色代表喜庆和吉祥，因此在节日期间，红色商品的需求会相应增加。

(3) 社会。社会因素也是影响消费者偏好的重要因素。消费者所在的社会环境、人际关系、社会地位等都会影响其需求和偏好。例如，消费者可能会受到朋友圈、明星等的影响，选择购买某种商品或服务。

(4) 心理。心理因素是影响消费者偏好的关键因素。消费者在购买商品或服务时，会受到认知、态度、动机等心理因素的影响。

4. 消费者行为的影响因素

消费者收入水平是影响消费者行为最为重要的因素之一。收入水平的高低决定消费者能够购买的商品或服务的种类和数量。商品价格也是影响消费者行为的重要因素之一。如果商品价格过高，消费者会减少购买量；如果商品价格过低，消费者会增加购买量。替代品和互补品也会影响消费者行为，市场需求也会影响消费者行为，如果市场需求大，消费者可能会增加购买量；如果市场需求小，消费者可能会减少购买量。消费者偏好也会影响消费者行为，如果消费者偏好某种商品，他们可能会增加购买该商品。文化、社会、心理等因素也会影响消费者行为。例如，文化因素可能会影响消费者的购买习惯和购买偏好，社会因素可能会影响消费者的消费行为和消费习惯，心理因素可能会影响消费者的购买决策和购买行为。

消费者行为对于市场经济的运行和发展具有重要的意义。消费者需求、消费者决策、消费者偏好和消费者行为的影响因素都是消费者行为研究的重要内容。

(二) 生产者行为

生产者行为是指生产者在生产过程中所做出的决策行为，包括生产规模、生产要素的投入、生产成本、产品质量、市场需求等因素。生产者行为是经济学中一个非常重要的概念，因为生产者的决策行为直接影响着整个经济体系的生产效率和利润水平。

1. 生产者决策的影响因素

生产者决策的影响因素包括生产成本、市场需求、生产技术、生产要素的供给等。生产成本是指生产者生产商品所需要支付的成本，包括原材料成本、人工成本、制造费用等。市场需求是指消费者对商品的需求量，生产者需要根据市场需求来决定生产规模和生产要素的投入。生产技术是指生产者使用的生产技术和工艺，包括生产流程、生产设备、生产工艺等。生产要素的供给是指生产者所需的生产要素的供给量，包括劳动力、资本、土地等。

2. 生产者行为对经济体系的影响

（1）供给与价格。生产者是市场经济体系中的供给方，他们的行为直接影响市场的供给量和价格。生产者根据市场需求、生产成本和技术条件等因素，决定生产规模、选择生产要素和制订生产计划。这些决策将影响市场上产品的供给量，从而影响产品的价格。当生产者扩大生产规模时，供给量增加，可能导致价格下降；反之，当生产者减少生产规模时，供给量减少，可能导致价格上涨。

（2）利润与经济增长。生产者行为的目标是最大化利润。为了实现这一目标，生产者会努力提高生产效率、降低生产成本、提高产品质量等。这些努力不仅有助于生产者自身的发展，还有助于推动整个经济体系的增长。当生产者获得更高的利润时，他们可能会增加投资、扩大生产规模、提高技术水平等，进一步推动经济增长。

（3）市场竞争力。生产者之间的竞争是推动市场经济发展的重要动力。生产者之间的竞争不仅包括价格竞争，还包括产品质量、服务、创新等方面的竞争。为了在竞争中获得优势，生产者会不断努力提高自身的竞争力，这将有助于推动整个经济体系的创新和进步。

（4）资源配置。生产者行为还影响资源的配置。在市场经济中，资源是通过价格机制进行配置的。生产者根据市场价格信号来决定资源的投入和使用。当某种产品的价格上升时，生产者可能会增加对该产品的生产投入，从而吸引更多的资源进入该领域；反之，当某种产品的价格下降时，生产者可能会减少对该产品的生产投入，使资源流向其他领域。这种资源配置过程有助于实现资源的有效利用和经济的可持续发展。

（5）消费者福利。生产者行为还影响消费者的福利。生产者提供的产品和服务是消费者生活的重要组成部分。当生产者提供高质量、低价格的产品和服务时，消费者的福利水平将得到提高；反之，当生产者提供低质量、高价格的产品和服务时，消费者的福利水平将受到损害。因此，生产者行为对消费者福利具有重要影响。

（三）市场结构与竞争

竞争是指市场中企业之间的竞争行为，市场结构与竞争是经济学中的重要概念，价格是指市场中商品或服务的货币表现形式。价格取决于市场力量、供给和需求等因素。产量是指企业在一定时间内生产的产品数量，产量取决于企业生产能力、市场需求等因素。

市场结构是指在特定市场中，企业之间以及企业和消费者之间的相互关系和组织形式。它主要关注市场的竞争程度、市场内企业数量、产品差异化程度、企业进入市场的难易程度以及信息的透明度等关键因素。市场结构可以划分为完全竞争、垄断竞争、寡头垄断和纯粹垄断。每种类型都有其独特的特征，影响着价格形成、产出决策和企业的市场行为。理解市场结构对于分析市场竞争状态、制定合理的市场政策以及企业战略规划具有重要意义。

企业行为是指企业为了获得更多的利润而采取的行动。在竞争市场中，企业需要通过提高生产效率、降低成本、提高产品质量等方式来获得更多的市场份额；而在垄断市场中，企业可以通过控制市场价格来获得更高的利润。

市场集中度是指市场中企业数量的集中程度。市场集中度越高，市场中的企业就越少，而且这些企业的市场份额也越大。市场集中度越高，市场竞争就越小，企业的利润也越高。

产品差异化是指企业通过提高产品质量、设计独特的外观、提供个性化的服务等手段来获得更多的市场份额。

（四）完全竞争市场与不完全竞争市场

完全竞争市场与不完全竞争市场是经济学中的两个重要概念。这两个概念在市场经济中有着不同的表现形式，分别代表着市场机制的不同运行状态。

完全竞争市场是指一种市场结构，其中存在大量的买家和卖家，每个卖家的市场份额非常小，而且他们无法影响市场价格。在完全竞争市场中，卖家之间是价格接受者，他们必须接受市场价格，因为他们无法影响市场价格。

完全竞争市场的优点在于市场的效率很高，因为它可以使得资源得到最有效的配置。由于每个卖家都是价格接受者，他们必须尽可能地降低成本，以保持竞争力。这导致了市场上的竞争压力，使得卖家必须尽可能地提高生产效率，以降低成本。

不完全竞争市场则是指市场上有少量卖家，每个卖家的市场份额较大，他们可以影响市场价格。在不完全竞争市场中，卖家之间是价格制定者，他们可以根据自己的市场份额来制定市场价格。

不完全竞争市场的优点在于市场的灵活性很高，因为它可以使得资源得到最有效的配置。由于卖家可以影响市场价格，他们可以更好地满足买家的需求，提高市场效率。

（五）需求与供给分析

需求与供给分析是经济学中非常重要的概念。需求是指在一定时间内，消费者愿意购买的商品或服务数量，而供给则是指在同样的时间内，生产者愿意提供的商品或服务数量。

需求和供给分析是经济学中的核心概念，也是微观经济学和宏观经济学的基础。在微观经济学中，需求和供给分析是研究个体经济行为的基础，包括消费者行为和生产者行为。在宏观经济学中，需求和供给分析是研究整个经济体系的基础，包括经济增长、通货膨胀、失业率等宏观经济指标。

在需求和供给分析中，需求曲线和供给曲线是非常重要的概念。需求曲线是指显示不同价格与消费者愿意购买的商品或服务数量之间关系的曲线。供给曲线则是指显示不同价格与生产者愿意提供的商品或服务数量之间关系的曲线。需求曲线和供给曲线可以用来预测市场价格和数量的变化。

需求和供给分析不仅可以用于微观经济学和宏观经济学，还可以用于其他领域，如市场营销、国际贸易、金融等。例如，市场营销人员可以使用需求和供给分析来了解消费者对某种商品的需求程度，以及生产者对该商品的供给情况，从而制定相应的营销策略。国际贸易人员可以使用需求和供给分析来了解不同国家对某种商品的需求和供给情况，从而制定相应的贸易策略。金融人员可以使用需求和供给分析来了解市场的利率和货币供应情况，从而制定相应的金融策略。需求和供给分析是经济学中非常重要的概念，可以帮助我们理解市场的运行机制，并预测未来的市场趋势。

（六）成本分析

成本分析是经济学中的一个重要概念，它涉及企业或个人在生产或消费过程中所花费的成本。成本分析可以帮助我们了解企业的盈利能力、消费者的购买行为以及市场竞争格局。

第一，成本分析可以帮助企业制定合适的定价策略。在市场竞争激烈的今天，价格成为消费者选择产品的重要因素。通过对成本的分析，企业可以了解生产过程中所花费的成本，从而制定出合理的价格策略，以满足消费者的需求。同时，成本分析还可以帮助企业发现生产过程中的浪费和冗余，进一步降低成本，提高企业的盈利能力。

第二，成本分析有助于消费者做出明智的购买决策。消费者在购买商品或服务时，通常会比较不同产品或服务的价格。通过对成本的分析，消费者可以了解到不同产品或服务的生产成本，从而做出更加明智的购买决策。此外，成本分析还可以帮助消费者了解企业的盈利模式和经营策略，从而对企业的未来发展做出预测。

第三，成本分析有助于政府制定有效的宏观经济政策。政府在制定宏观经济政策时，需要充分考虑市场中的各种因素，包括企业成本、消费者购买力等。通过对成本的分析，政府可以更好地了解市场的发展状况，从而制定出更加有效的经济政策，促进经济的持续健康发展。

第四，成本分析有助于企业进行有效的资源配置。在生产过程中，企业需要对各种资源进行合理的配置，以提高生产效率和降低成本。通过对成本的分析，企业可以了解到生产过程中的各种资源消耗情况，从而对资源进行更加有效的配置，提高企业的整体竞争力。

（七）生产要素

生产要素是指在生产过程中使用的各种物质和非物质资源，包括劳动力、资本、土地、自然资源和技术等。

劳动力是生产要素中最基本的因素之一，它是指人们通过劳动创造价值的技能和能力。劳动力也是生产过程中最重要的因素之一，因为只有人类才能创造价值，将自然资源转化为商品。在经济学中，劳动力通常被视为生产要素中最具有创造性和最能够创造价值的因素。

资本是生产要素中的一种形式，它指的是用于生产的物质和非物质资源。资本可以包括厂房、设备、机器、工具、土地、建筑物、知识产权等。资本是生产过程中必不可少的因素，因为它可以提高生产效率，降低生产成本，促进经济增长。

土地是生产要素中的一种形式，它指的是用于生产的自然资源，如土地、矿藏、森林、水资源等。土地是生产过程中必不可少的因素，因为它可以提供生产所需的自然资源和环境。在经济学中，土地通常被视为生产要素中最为稀缺和最为重要的因素之一。

自然资源是生产要素中的一种形式，它指的是自然存在的物质和非物质资源，如石油、天然气、水、木材、金属等。

技术是生产要素中的一种形式，它指的是用于生产的各种技术和知识。在经济学中，技术通常被视为生产要素中最为重要和最具创造性的因素之一。

综上所述，生产要素是生产过程中必不可少的因素，包括劳动力、资本、土地、自然资源和技术等。这些资源的不同组合和配置可以影响生产效率和产出质量，因此，了解生产要素的性质和作用是经济学研究的重要内容。

（八）生产可能性曲线

生产可能性曲线是经济学中用来表示在有限的资源和技术条件下，一个经济体能够生产的最大数量商品组合的曲线。它反映资源稀缺性和选择性的经济学特征，通常用于考察如何在有限的资源下分配这些资源以达到最大的经济效益。

生产可能性曲线的主要用途是帮助决策者了解在既定的资源和技术条件下，哪些商品组合是可行的，以及如何在这些商品之间进行选择。它还可以用来分析潜在的生产能力和资源利用效率，以及在不同商品生产之间需要做出的权衡。生产可能性曲线通常呈现凹向原点的形状，这意味着随着一种商品产量的增加，生产另一种商品的机会成本也会增加。这种曲线形状反映了机会成本的递增原则，即为了获得更多的一种商品，必须牺牲越来越多的另一种商品。

生产可能性曲线不是静态的，它会随着资源投入和技术水平的改变而移动。例如，技术进步或资源投入的增加可以使生产可能性曲线向外移动，显示出生产能力的提升；相反，如果资源投入减少或技术退步，生产可能性曲线则会向内移动，显示生产能力的下降。

生产可能性曲线对于理解经济增长和发展至关重要，可以帮助人们更好地理解资源的利用效率、技术进步对经济增长的作用，以及如何实现经济增长等方面的问题。例如，在制定经济发展战略时，可以通过分析生产可能性曲线，确定一个国家或地区能够生产的不同商品组合，从而制定出适合本国国情的经济发展战略。

（九）边际效用与边际成本

边际效用与边际成本是经济学中两个重要的概念，用于分析消费者和生产者的决策行为。边际效用是指消费者在消费某一物品时，每增加一个单位所获得的额外满足感。边际成本是指生产者生产某一单位产品所需要支付的额外成本。在经济学中，边际效用和边际成本有着密切的联系。当边际效用大于边际成本时，消费者会继续增加对该物品的消费；当边际效用等于边际成本时，消费者会停止增加对该物品的消费；当边际效用小于边际成本时，消费者会减少对该物品的消费。

在生产方面，当边际效用大于边际成本时，生产者会继续增加对该产品的生产；当边际效用等于边际成本时，生产者会停止增加对该产品的生产；当边际效用小于边际成本时，生产者会减少对该产品的生产。

边际效用和边际成本在经济学中的应用非常广泛。例如，在消费领域，当消费者面临预算约束时，他们会根据边际效用和边际成本来做出最优的消费决策。在生产领域，当生产者面临成本约束时，他们会根据边际效用和边际成本来做出最优的生产决策。

（十）生产者决策与消费者决策

经济学中的生产者决策与消费者决策是两个密切相关但又有区别的概念。生产者决策主要是指企业或组织在生产过程中，如何选择生产数量、生产成本、生产效率等因素，以达到最大利润的目标。而消费者决策则是指消费者在购买商品或服务时，如何选择价格、品质、品牌等因素，以满足自己的需求和预算。这两个概念在经济学的实践中有着广泛的应用。

生产者决策通常涉及多个因素的权衡和选择。例如，一个企业可能会面临两种生产方法的选择：一种是生产成本较低但效率较低的方法，另一种是生产成本较高但效率较高的方法。在这种情况下，生产者需要权衡生产成本和效率，以选择最优的生产方法。此外，生产者还需要考虑市场需求、竞争情况、政策法规等因素，以制定合适的生产计划和策略。

消费者决策则涉及更多的因素。例如，一个消费者可能会面临两种商品的选择：一种是价格较低但品质较差的商品，另一种是价格较高但品质较好的商品。在这种情况下，消费者需要权衡价格和品质，以选择最优的商品。此外，消费者还需要考虑自己的需求、预算、品牌偏好、口碑等因素，以做出合理决策。

生产者决策和消费者决策之间有着相互影响的关系。例如，一个企业的生产决策可能会影响市场的供需关系，进而影响消费者的购买决策。同样地，消费者的购买决策也可能会影响企业的生产决策，如市场需求的变化、竞争对手的行动等。因此，生产者决策和消费者决策之间是相互影响、相互制约的。

三、微观经济学的研究对象及方法

微观经济学的研究对象是单个经济单位的行为和决策，主要包括家庭、企业和市场等。家庭是微观经济学的基本研究对象之一，主要研究家庭如何决定其消费和储蓄决策，以及家庭如何决定其投资决策。企业是微观经济学研究的另一个重要对象，主要研究企业的生产、销售和投资决策，以及企业的竞争行为和市场结构。市场是微观经济学研究的另一个重要对象，主要研究市场的供求关系、价格形成和市场竞争等。

微观经济学的研究方法主要有理论分析和实证分析两种。理论分析是微观经济学研究的主要方法之一，主要是建立微观经济学的理论模型，通过理论模型来推导和证明经济学的结论。实证分析是微观经济学研究的主要方法之一，主要是通过收集和分析实际经济数据，来验证微观经济学理论的适用性和正确性。

第三节 宏观经济学概述

宏观经济学以地区、国家层面作为研究对象，分析整个经济体系的运行和发展。它关注的问题是整体的收入、生产、物价、就业、国际贸易等。宏观经济学的研究有助于政策制定者理解经济运行的规律，从而制定出有效的经济政策。

一、宏观经济学的重要性

在经济学领域，宏观经济学的重要性不言而喻。它是理解和解释经济周期、制定宏观经济政策、指导国家经济发展的关键工具。例如，通过宏观经济学的分析，政策制定者可以了解降低利率或增加政府支出对经济增长和就业的影响。

宏观经济学的应用广泛，它不仅用于政府的经济决策，还影响着企业的投资决策、消费者的消费行为以及国际贸易和金融市场。例如，中央银行在制定货币政策时，会参考宏观经济学的理论和模型，以控制通货膨胀和维护金融稳定。

宏观经济学对社会经济生活的影响是深远的。它不仅影响着一个国家的经济增长和稳定，还直接关系到每个人的就业机会、收入水平和生活质量。例如，宏观经济政策的有效实施可以帮助缓解经济危机，促进就业，提高人民生活水平。反之，如果宏观经济政策失误，可能会导致高通胀、高失业率和经济衰退，给社会带来严重的负面影响。

二、宏观经济学的内容

（一）国民经济总体运行

国民经济总体运行是指一个国家在一定时期内，国民经济总体上所表现出来的发展态势和变化。它包括国民生产总值、物价水平、就业率、财政收支等多个方面的数据。

第一，从国民生产总值来看，这是衡量一个国家经济实力的重要指标。近年来，中国国民生产总值总量持续增长，已成为世界第二大经济体。从国民生产总值增速来看，中国经济已从高速增长阶段转向高质量发展阶段。

第二，从物价水平来看，这是反映国民经济运行状况的重要指标。近年来，中国物价总体保持稳定，但受到国际原油价格、猪肉价格等因素的影响，也会出现一定的波动。

第三，从就业率来看，这是衡量一个国家就业状况的重要指标。近年来，中国就业形势总体稳定，但仍面临一定的压力。中国劳动力市场的灵活性和适应性也在不断提高。

第四，从财政收支来看，这是反映一个国家财政状况的重要指标。近年来，中国财政收支总体保持平衡，但仍面临一定的财政压力。

（二）国内生产总值

国内生产总值（GDP）是衡量一个国家或地区经济活动总量的核心指标，是反映一国（或地区）在一定时期内生产活动的规模和增长速度的重要指标。在中国，GDP作为国家经济发展的重要衡量标准，对于政府制定宏观经济政策、分析经济运行状况以及与其他国家进行经济比较具有重大意义。

第一，GDP是一个国家在一定时期内生产的所有最终产品和劳务的市场价值总和。这些最终产品和劳务包括生产资料、消费资料和劳务。在计算GDP时，需要剔除中间投入，即生产过程中消耗的原材料、燃料、动力等。这样，GDP可以更准确地反映一个国家或地区在一定时期内生产活动的总规模。

第二，GDP的计算方法有多种，其中最常用的是支出法和生产法。支出法是从消费、投资、政府支出和净出口四个方面来计算GDP，反映了一个国家或地区在一定时期内生产活动的最终消费、投资、政府支出和净出口对GDP的贡献。生产法则是从生产过程出发，直接计算出生产过程中消耗的原材料、燃料、动力等因素对GDP的贡献，更能反映生产环节的实际情况。

第三，GDP增长率是衡量一个国家或地区经济活动增长速度的重要指标。在中国，GDP增长率反映中国经济的发展速度和增长态势。从历史数据来看，中国GDP增长率在改革开放以来保持较快的增长速度，为中国经济的持续发展奠定了基础。然而，随着中国经济进入新常态，GDP增长率逐渐放缓，这既是经济结构调整的必然结果，也为政府制定宏观经济政策提供了重要参考。

此外，GDP与其他经济指标的关系密切。GDP是衡量一国（或地区）经济实力的重要指标，同时，GDP增长率、人均GDP等经济指标也反映了一国经济的发展水平和人民生活水平。同时，GDP还是分析宏观经济政策效果的重要依据。通过对比不同时期GDP的变化，可以分析宏观经济政策对经济增长的影响，为政府制定新的经济政策提供参考。

（三）经济增长与通货膨胀

经济增长与通货膨胀是经济学中的两个重要概念，经常被用来描述经济状况和趋势。经济增长通常指一个国家或地区的经济总量的增加，而通货膨胀则指物价水平普遍上涨的现象。

经济增长通常可以通过增加生产力和提高生产效率来实现。生产力指单位时间内能够生产的产品数量，而生产效率则指单位时间内生产的产品数量与生产成本之间的比率。通过提高生产力和生产效率，一个国家的经济总量可以增加，从而实现经济增长。

然而，经济增长并不总是带来积极的影响。在经济发展的过程中，通货膨胀也是一个常见的问题。通货膨胀指物价水平普遍上涨的现象，通常会导致货币贬值和购买力下降。

通货膨胀的原因有很多，包括供需失衡、货币供应过多、成本上涨等。当供需失衡时,物价会上涨;当货币供应过多时,通货膨胀也会随之而来;当成本上涨时,企业可能会提高产品价格,从而导致通货膨胀。

通货膨胀对经济的影响也非常重要。通货膨胀会导致货币贬值和购买力下降,从而影响人们的消费和投资行为。通货膨胀还会导致资产泡沫的形成,从而增加经济风险和不确定性。

为了控制通货膨胀,政府通常会采取相应的货币政策和财政政策。货币政策通常是通过控制货币供应量和利率来影响经济,从而控制通货膨胀。财政政策则是通过调整政府支出和税收来影响经济,从而控制通货膨胀。

经济增长和通货膨胀是经济学中的两个重要概念,它们之间的关系非常复杂。经济增长可以通过提高生产力和生产效率来实现,但并不总是带来积极的影响。通货膨胀则会导致货币贬值和购买力下降,对经济的影响也非常重要。政府通常会采取相应的货币政策和财政政策来控制通货膨胀,从而维护经济的稳定和可持续发展。

(四) 货币政策与财政政策

货币政策与财政政策是现代经济学中两个重要的领域,其关系密切,相互作用,是影响经济运行的重要因素。货币政策是指中央银行通过调整货币供应量和利率等手段来影响经济运行,以达到宏观经济调控的目的;而财政政策则是指政府通过调整财政收支和税收等手段来影响经济运行,以达到宏观经济调控的目的。下面将详细论述货币政策与财政政策之间的关系及其在现代经济中的作用。

货币政策与财政政策在宏观经济调控中起着不同的作用。货币政策主要调节货币供给和利率等宏观经济变量,以实现宏观经济稳定和经济增长的目标。而财政政策则主要调节政府支出和税收等财政变量,以实现宏观经济稳定和经济增长的目标。因此,货币政策与财政政策在宏观经济调控中起着不同的作用,需要根据实际情况进行综合运用。

货币政策与财政政策之间存在着密切的联系和互动关系。货币政策与财政政策的调节作用是相互补充的,即货币政策的调节作用可以弥补财政政策的不足,而财政政策的调节作用也可以弥补货币政策的不足。例如,在经济增长滞缓时,货币政策可以通过降低利率等手段来刺激经济增长，而财政政策则可以通过增加政府支出和减税等手段来刺激经济增长。

货币政策与财政政策在宏观经济调控中有着不同的特点和限制。货币政策主要依赖于利率等工具，但是利率调节存在着时滞性、不确定性和不可逆性等缺点，需要中央银行进行精确的调节和控制。而财政政策则可以通过调整政府支出和税收等手段来影响经济运行，但是财政政策的效果受到政府财政状况、政治环境等因素的影响，需要政府进行合理的规划和实施。

货币政策与财政政策在现代经济中起着重要的作用。在当前全球经济形势下，各国政府需要根据实际情况，综合运用货币政策与财政政策，实现宏观经济稳定和经济增长的目标。

（五）通货紧缩与通货膨胀

在宏观经济学的广阔领域中，通货紧缩与通货膨胀作为两种相互对立的经济现象，共同构成了经济波动的核心因素。它们对经济增长的速率与质量具有深远影响，同时也在社会生活的各个方面留下显著印记，是理解经济周期、制定货币政策及财政政策时不可或缺的考量因素。

通货紧缩是指市场上货币供应量不足以满足流通需求，导致物价总水平持续下滑，货币购买力相应增强的经济状态。其成因复杂多样，可能包括货币供给的减少、有效需求的不足、生产成本的降低或国际市场的冲击等。尽管通货紧缩能在短期内提升消费者的购买力，但长期来看，它可能抑制投资与生产活动，导致经济增长的放缓乃至衰退，进而形成所谓的"流动性陷阱"。

通货膨胀是指货币供应量超过流通中的实际需求，导致物价总水平普遍且持续地上涨的经济现象。其根源可能源于需求的拉动、成本的推动、结构性因素或货币的过度发行等。适度的通货膨胀被视为经济活力的体现，能够刺激消费与投资，推动经济增长；然而，恶性通货膨胀则会破坏价格机制，引发社会动荡，对经济健康造成严重损害。

尽管通货紧缩与通货膨胀在表象上呈现出截然相反的特征，但它们实则紧密相连，共同反映了货币供求关系的不平衡状态，是宏观经济调控必须严肃对待的问题。政策制定者需精准把提货币政策的力度与节奏，既要警惕通货紧缩可能带来的经济停滞风险，也要避免通货膨胀失控所带来的社会成本。在实践中，应通过调整利率、存款准备金率、公开市场操作等手段，实现货币供应量的合理调控，维护物价稳定，推动经济平稳健康发展。

（六）货币供应与需求

货币供应与需求是经济学中的一个重要概念，涉及货币的发行、流通和使用等方面的内容。货币供应是指货币在市场上流通的数量，通常由中央银行控制和管理。货币需求则是指人们为了满足自己的经济需求而持有的货币数量，受到个人收入、消费水平、利率等因素的影响。

货币供应和需求之间的关系是相互制约的。当货币供应增加时，货币需求通常会减少，因为人们持有更多的货币可以更方便地进行交易和投资。相反，当货币需求增加时，货币供应通常会减少，因为人们需要更多的货币来满足自己的经济需求。

货币供应和需求的变化还会受到宏观经济政策的影响。中央银行可以通过调整货币政策来影响货币供应和需求，以达到稳定经济增长和控制通货膨胀等目的。例如，中央银行可以通过增加货币供应来刺激经济增长，但同时也会增加通货膨胀的风险。

货币供应和需求的变化还会受到国际经济环境的影响。国际贸易和金融市场的变化会对货币供应和需求产生影响。例如，当一个国家的货币受到外币的冲击时，货币供应和需求可能会发生变化。

货币供应和需求的变化受到中央银行、宏观经济政策和国际经济环境等因素的影响。在实际的经济活动中，了解货币供应和需求的变化趋势，可以帮助人们更好地规划自己的经济行为，实现更好的经济效益。

（七）金融市场与金融工具

金融市场和金融工具是经济学中的重要概念。金融市场是指交易金融资产的市场，包括股票市场、债券市场、外汇市场、商品市场等。而金融工具则是指在金融市场上交易的金融资产，包括股票、债券、期货、期权、互换等。

股票是金融市场上最常见的金融工具之一。股票代表着公司的所有权，持有股票就意味着持有公司的部分所有权。股票的价格受到公司业绩、市场情绪、利率等多种因素的影响。股票的收益包括股息和资本利得。

债券是另一种常见的金融工具，它是一种借贷工具，发行人向债券持有人承诺在未来的某个时期支付一定的利息，并在到期时偿还本金。债券的收益包括利息和本金回收。债券的收益率与市场利率成反比，因此当市场利率上升时，债券的收益率会下降。

期货和期权是金融工具中的衍生品。期货是一种衍生品，代表着在未来某个时间以约定价格购买或出售一定数量的资产。期权是一种购买未来某个时间以约定价格购买或出售一定数量的资产的权利。

互换是一种金融工具，它是一种合同，两个或多个当事人之间约定在未来某个时间以约定价格交换未来某个时间的价值。互换的收益取决于市场价格的变化，因此也是一种高风险、高收益的投资工具。

金融市场和金融工具是经济学中的重要概念，对于理解金融市场和金融工具的运作方式，以及如何利用这些工具进行投资等方面具有重要的意义。

（八）国际贸易与汇率

国际贸易与汇率是经济学中非常重要的两个概念，其关系密切，相互影响。国际贸易是指国家之间的商品和服务交换，而汇率则是指两种货币之间的兑换比率。国际贸易与汇率的联系表现在以下几个方面：

第一，国际贸易与汇率密切相关。国际贸易的繁荣需要稳定的汇率制度，而汇率的变化也会对国际贸易产生重大影响。例如，如果一国货币升值，那么该国的出口商品价格就会变得更贵，这会使得该国的出口商品在国际市场上失去竞争力，从而导致国际贸易的萎缩。相反，如果一国货币贬值，那么该国的出口商品价格就会变得更便宜，这会使得该国的出口商品在国际市场上更具竞争力，从而促进国际贸易的繁荣。

第二，国际贸易与汇率之间存在相互影响的关系。国际贸易的繁荣会促进汇率的稳定，而汇率的稳定也会促进国际贸易的繁荣。例如，如果一国贸易顺差较大，那么该国的货币需求就会增加，从而推动该国的货币升值，反之亦然。相反，如果一国贸易逆差较大，那么该国的货币需求就会减少，从而推动该国的货币贬值。

第三，国际贸易与汇率之间还存在着一定的互动关系。在国际贸易中，汇率的波动会对贸易双方的利益产生影响。例如，如果一国货币升值，那么该国的进口商品价格就会变得更便宜，这会使得该国的进口商品在国际市场上更具竞争力，从而促进国际贸易的繁荣。

（九）经济增长与结构调整

经济增长指的是一个国家或地区在一定时间内经济总量的增加，通常用国内生产总值（GDP）来衡量。而结构调整则是指在经济增长的过程中，对经济结构进行调整，以提高经济的效率和竞争力。

经济增长通常是通过增加生产力和劳动力的投入来实现的。生产力指的是单位时间内生产出的产品或服务的数量，而劳动力投入则指的是在生产过程中投入的劳动力数量。当一个国家的生产力提高时，它能够生产更多的产品和服务，从而实现经济增长。

然而，经济增长并不总是带来积极的影响。在经济发展的过程中，可能会出现一些问题，如资源浪费、环境污染、贫富差距扩大等。这些问题需要得到解决，以实现经济的可持续发展。

结构调整是经济增长的重要环节。一个国家的经济结构通常由三个部分组成：农业、工业和服务业。在经济增长的过程中，需要对这些部分进行调整，以提高经济的效率和竞争力。

同时，结构调整也需要注意一些问题。例如，在进行结构调整时，需要避免出现经济不稳定的情况，以免影响经济增长。此外，结构调整还需要考虑到社会的需求和人民的利益，以确保经济的可持续发展。

经济增长与结构调整是经济学中非常重要的两个概念。经济增长需要通过增加生产力和劳动力的投入来实现，而结构调整则需要对经济结构进行调整，以提高经济的效率和竞争力。然而，经济增长并不总是带来积极的影响，因此需要解决一些现实问题，以实现经济的可持续发展。同时，结构调整也需要注意一些问题，以确保经济稳定发展和人民的利益。

（十）宏观经济政策评估与选择

宏观经济政策是指政府或中央银行通过有意识、有计划地运用一定的政策工具来影响整个国家经济运行的政策。宏观经济政策评估与选择的目标是实现经济的稳定增长、就业充分、物价稳定和可持续发展。在实际应用中，宏观经济政策评估与选择需要考虑多种因素，如经济形势、政策效果、社会影响等。

第一，评估宏观经济政策的效果，是宏观经济政策评估与选择的基础。评估宏观经济政策的效果需要考虑多个方面，如经济增长、就业、通货膨胀、国际收支等。评估宏观经济政策的效果可以通过比较政策实施前后的经济数据来判断，也可以通过实证分析、模拟实验等方式来评估。在评估宏观经济政策效果时，需要考虑政策实施的时间、经济环境等因素的影响。

第二，考虑宏观经济政策的可行性和有效性。宏观经济政策的可行性是指政策实施的可操作性和实际效果。宏观经济政策的有效性是指政策对经济运行的调节作用。在选择宏观经济政策时，需要考虑政策的成本和效益，以及政策的实施难度等因素。

第三，考虑宏观经济政策对社会的影响。宏观经济政策对社会的影响包括对经济增长的影响、对就业的影响、对通货膨胀的影响、对国际收支的影响等。在选择宏观经济政策时，需要考虑政策对社会的负面影响，并尽可能减少这些负面影响。

第四，考虑宏观经济政策的国际影响。宏观经济政策的国际影响包括对国际贸易的影响、对国际金融的影响、对国际投资的影响等。

三、宏观经济学的研究对象与方法

宏观经济学是经济学的一个重要分支，主要研究整个经济体的一般特征和行为，包括国民经济总量、通货膨胀、失业、国际贸易、货币政策等。

宏观经济学的研究对象是整个经济体，包括生产、消费、投资、政府支出、收入分配、就业、通货膨胀、国际贸易、货币政策和金融市场等方面。宏观经济学的研究对象非常广泛，涵盖整个经济体的方方面面，因此需要采用一系列科学的研究方法来研究这些问题。宏观经济学的方法主要包括以下几个方面：

第一，数据收集与分析。宏观经济学需要大量的数据来支撑研究，这些数据通常来自国家统计局、中央银行、金融机构、企业、家庭等多个领域。数据收集需要采用科学的方法，包括问卷调查、抽样调查、统计分析等。数据分析需要采用统计学、计量经济学等方法，包括描述性统计、推断性统计、回归分析、面板数据分析等。

第二，模型建立与模拟。宏观经济学需要建立数学模型来描述经济体的运行机制和行为，包括宏观经济模型、货币模型、财政模型、贸易模型等。这些模型通常基于一定的理论框架，如凯恩斯主义、新古典主义等。模型建立后，需要进行模拟实验，以验证模型的有效性和可靠性。

第三，政策评估与建议。宏观经济学的研究目的是制定和实施有效的经济政策，因此需要对政策进行评估和分析，以提出有效的建议。政策评估需要采用定量分析、定性分析、成本效益分析等方法，以评估政策的成本、效益、影响等。政策建议需要基于经济学原理和实证分析，以提出切实可行的政策方案。

宏观经济学的研究对象和方法是相互关联的。宏观经济学的研究对象非常广泛，需要采用科学的数据收集和分析方法来获取数据。宏观经济学的研究方法包括模型建立与模拟、政策评估与建议等，这些方法需要基于经济学原理和实证分析来实施。只有采用科学的方法，才能更好地研究宏观经济学的问题，并制定出有效的经济政策。

第四节 中国经济学构建体系

一、中国经济学的基本分析

（一）中国经济学的形成与发展

经济学作为一门社会科学，旨在研究人类社会和经济现象的规律和机制。中国经济学作为中国经济学科的重要组成部分，经历了漫长的发展历程。

中国经济学的形成可以追溯到古代。中国古代的经济学主要体现在农业生产、商业贸易和手工业生产等领域。《易经》和《管子》等古代文献中涉及一些经济学的思想和理论。此外，古代中国的经济学家也进行了一些经济学的研究和探讨，如《史记》《汉书》等文献中就记载了一些经济学家的事迹和理论。

20 世纪初，随着西方经济学的传入和中国现代化进程的推进，中国经济学开始初步发展。1902 年，中国近代著名思想家严复翻译了英国经济学家亚当·斯密的《国富论》和《政治经济学概论》，标志着西方经济学的引入和传播。随后，一些中国学者开始学习和研究西方经济学，并开始尝试将其与中国实际相结合。

20 世纪中期，中国经济学开始逐渐成熟。这一时期，中国经济学的代表人物包括陈云、吴敬琏等，提出一系列中国经济学的理论和政策建议，如"计划经济""市场经济""社会主义市场经济"等。同时，这一时期中国经济学的重点开始转向经济发展、经济增长、资源配置等方面，并逐渐形成中国特色经济学的体系。

21 世纪初，中国经济学的现代化开始。这一时期，中国经济学的代表人物包括林毅夫、李稻葵、张晓刚等，提出了一系列中国经济学的理论和政策建议，形成了中国特色经济学的体系。

（二）中国经济学的特点与优势

第一，实践性和应用性。中国经济学注重研究实际经济问题，强调理论联系实际，注重解决实际经济问题。例如，中国经济学在研究经济增长、通货膨胀、货币政策等方面，不仅注重理论分析，更注重实证研究，通过数据分析和案例研究，深入剖析经济现象，提出解决问题的具体措施。

第二，系统性。中国经济学注重研究经济体系各个组成部分之间的相互关系和相互作用，注重构建完整的经济体系。例如，中国经济学在研究经济问题时，不仅关注单个经济变量，更注重整个经济体系的结构、机制和规律，通过系统性的研究，更好地理解和解释经济现象。

第三，创新性。中国经济学注重研究新的经济理论和新的经济现象，注重创新性研究。例如，中国经济学在研究经济增长、金融稳定、环境保护等方面，不仅借鉴西方经济学的理论，还结合中国的实际情况，提出具有中国特色的经济理论。

第四，综合性。中国经济学注重综合运用多种经济学理论和方法，注重综合分析经济现象。例如，中国经济学在研究经济问题时，不仅运用微观经济学和宏观经济学的方法，还结合统计学、社会学和政治学等学科的方法，综合分析后来解释经济现象。

（三）中国经济学的挑战与机遇

1. 中国经济学的挑战

随着中国经济的快速发展和国际地位的提升，中国经济学面临着一系列的挑战，主要体现在以下几个方面：

（1）经济发展模式的转型。中国经济学的第一个挑战是经济发展模式的转型，需要重新审视和调整经济学理论和实践，以适应新的经济发展形势。

（2）经济全球化的挑战。随着中国经济与全球经济的不断融合，中国经济学也需要适应全球经济的变化和挑战。中国需要更加深入地参与全球经济治理，同时也要面对来自全球的经济风险和不确定性的挑战。

（3）资源环境的挑战。中国经济学的另一个挑战是资源环境的挑战。随着经济的发展，环境污染和资源短缺问题日益突出，中国经济学需要更好地考虑环境保护和可持续发展，以实现经济和环境的和谐发展。

2. 中国经济学的机遇

（1）经济发展的新机遇。中国经济学的第一个机遇是经济发展的新机遇。随着中国经济的迅速发展，新的经济增长点不断涌现。中国经济学需要不断探索和发掘新的经济增长点，以推动中国经济的发展。

（2）科技创新的机遇。中国经济学的第二个机遇是科技创新的机遇。随着中国经济的迅速发展，科技创新成为推动经济增长的重要动力。中国经济学需要深入研究科技创新的理论和实践，以推动中国经济更好发展。

（3）国际合作与竞争的机遇。中国经济学的第三个机遇是国际合作与竞争的机遇。随着中国经济的迅速发展，国际合作与竞争成为推动中国经济发展的关键因素。

（四）中国经济学的未来发展方向

第一，注重实证研究。实证研究是一种基于数据和事实的研究方法，可以帮助经济学家更好地了解经济现象和规律。随着中国经济的发展和数据的不断积累，中国经济学的实证研究将会越来越深入，能够为经济学理论的发展提供更加坚实的基础。

第二，注重跨学科研究。跨学科研究是指将不同学科的知识和理论相互融合，从而形成新的学科和理论体系。在中国经济学的未来发展中，跨学科研究将会越来越重要。例如，中国经济学在未来发展中将会注重将经济学与政治学、社会学、心理学等学科相互融合，从而形成更加全面和深入的经济学理论体系。

第三，注重国际比较研究。国际比较研究是指将不同国家或地区的经济现象和规律进行比较并深入研究，从而了解不同国家的经济发展特点和规律。在中国经济学的未来发展中，国际比较研究将会越来越重要。例如，中国经济学在未来发展中将会注重将中国经济与其他国家或地区的经济进行比较研究，从而更好地了解中国经济的特点和规律。

第四，注重政策研究。政策研究是指研究经济政策制定和实施的理论，以及政策对经济的影响和效果。在中国经济学的未来发展中，政策研究将会越来越重要。例如，中国经济学在未来发展中将会注重研究不同政策对经济的影响和实施效果，从而为政策制定提供更加科学和有效的理论支持。

二、中国经济学自主知识体系的构建

中国经济学自主知识体系的构建是指在中国经济学的理论框架、研究方法和实证分析等方面，形成具有自主知识产权的知识体系。中国传统经济思想的创造性转化、创新性发展是经济学领域内的中国式现代化，是文化传承发展的使命，是构建自主经济学知识体系的重要内容和路径方法。[①]

（一）中国经济学自主知识体系的构建价值

在全球史的视角下，中国经济学自主知识体系的历史基础，是中国经济思想变迁与世界经济思想变迁相互交织的一部分。从全球史的视角出发，对中外经济思想的交流与互动，以及中国传统经济思想在创造性转化与创新性发展中的角色，进行深入研究。通过这样的研究，提炼出中国传统经济思想在全球经济思想变迁中的积极作用，尤其是它在现代经济学起源中提供的养分，以及中国海外留学生研究对发展经济学和货币银行学等领域的重要贡献。

中国传统经济思想的创造性转化与创新性发展，对经济学的发展具有普遍价值，而中国经济发展的独特历史经验，也必然孕育出不同于西方的经济思想体系。中国经济学自主知识体系的构建，需要实现三条路径的汇聚合流，即在继承和创新传统经济思想的基础上，批判性地借鉴西方经济学，推动经济学的"中国化"，并以中国经济改革和发展的经验为实践检验。这样的过程，经过不断的否定之否定，才能形成既有各国现代化的共同特征，又有基于自己国情的中国特色的经济思想体系。

为了实现这一目标，强化全球史观，应从全球化的视野来看待近代中国经济思想的变迁，比较中外经济思想的差异特征，研究它们的交流互动，并探讨中国经济思想的世界价值。中国经济思想的本土化，是世界范围内经济思想变迁的一部分，通过与其他国家近代经济思想本土化的经验相比较，更好地为中国经济思想的本土化提供经验教训，并体现中国国情下经济思想本土化的特殊性。同时，中国经济学自主知识体系构建的历史路径，关键在于传统经济思想的创造性转化和创新性发展，努力从传统文化中汲取养分，扎根于中国经济问题意识。中国传统经济思想是理论经济学中中国因素的最集中体现，具有丰富的生命力和足够的韧性，现代经济学发展可以从中国传统经济思想中汲取养分。

基于经济史学构建中国经济学自主知识体系，有利于保持中国经济思想的连

---

① 熊金武．构建中国经济学自主知识体系的历史基础［J］．学习与探索，2024（1）：46-53．

贯性和传统性，形成具有"中国特色、中国风格、中国气派"的经济学。这是当代中国经济学人在实现中华民族伟大复兴中应尽的使命。

(二) 中国经济学自主知识体系的建构内容

新时代中国经济学的任务是立足中国国情和发展实践，研究新情况、新问题，揭示新特点、新规律，提炼总结发展实践中的规律性成果，构建中国经济学自主知识体系。理论经济学是应用经济学的基础，经济学知识体系的基本内容主要包括政治经济学、社会主义初级阶段理论、社会主义市场经济理论等。中国经济学自主知识体系要具备人民性、历史性、实践性、民族性、开放性等基本理论品质，研究对象、主线、起点和任务主要包括社会主义基本经济制度、中国式现代化发展的新历史方位等。自主知识体系应具备时代稳定性、创新科学性、理论系统性，自主体系设计要契合时代、守正创新、知行合一。

(三) 中国经济学自主知识体系的构建措施

第一，明确中国经济学自主知识体系的构建目标。明确经济学研究的对象、范围和目标，确立经济学研究的基本原则和方法，设定经济学研究的学科体系、学术体系、话语体系的建设方向。这些目标的设定，将有助于我们更好地推进中国经济学自主知识体系的构建。

第二，确定构建中国经济学自主知识体系的发力点。加强教材建设、推进理论和方法创新以及调整学术成果评价标准。教材建设是学科体系建设的基础，学术成果评价标准是学术体系建设的重要内容，理论和方法创新是学科建设和学术体系建设的关键。因此，在这些方面下功夫，以提高教材的质量和加大覆盖面，进而推动中国经济学自主知识体系的构建。

第三，结合中华优秀传统文化来构建中国经济学自主知识体系。将中华优秀传统文化的精髓与现代经济学理论相结合，形成具有中国特色的经济学知识体系。这一知识体系的建立，不仅需要汲取中国古代先贤的智慧，还应该吸纳古今中外的优秀思想，形成具有广泛影响力和普适性的经济学理论。同时，我们还应当注意到，中华优秀传统文化的传承和发展，不应脱离时代背景，而应与时俱进，与现代经济学相结合，以创新的视角和手段，促进经济的健康发展，实现社会主义核心价值观在经济发展中的体现，为建设现代化经济体系和社会主义文化强国贡献力量。

综上所述，中国经济学自主知识体系的构建是一项长期而艰巨的任务，需要明确目标，持之以恒，聚力学科体系、学术体系、话语体系建设。在这个过程中，借鉴和运用科学文献语言逻辑和有效写作技巧，以提高学术研究的质量，推动中国经济学自主知识体系的构建。

练习与思考

1. 请简述经济学的基本概念及其研究方法。
2. 请对比微观经济学与宏观经济学的研究对象和主要内容。
3. 请阐述中国经济学自主知识体系的构建措施。

第二章　绿色发展的理论与道路探索

第一节　绿色发展的基本理论

一、绿色发展的内涵

绿色发展是近年来在中国社会经济发展中逐渐兴起的一种新型发展理念，它以可持续发展为基本原则，强调在经济增长的同时，注重环境保护和资源节约，以实现人与自然和谐共生的目标。

第一，明确绿色发展的概念。绿色发展是一种注重生态环境保护、可持续发展的理念，它强调在发展过程中要充分考虑环境因素，实现人与自然和谐共生。绿色发展要求在生产、消费和生活中，都要遵循绿色、低碳、循环、节能的原则，减少对自然环境的破坏，提高资源利用效率，促进经济、社会和环境的可持续发展。"绿色发展承载着人们对美好生活的期许，是经济社会永续发展的必要条件。"[1]

第二，绿色发展具有丰富的内涵。一是，绿色发展注重生态环境保护，要求在发展过程中要充分考虑生态环境因素，保护自然资源，减少污染排放，提高环境质量。二是，绿色发展强调可持续发展，要求在发展过程中要充分考虑未来时代的需求，实现经济、社会和环境的协调发展。三是，绿色发展注重绿色生活方式，要求人们在生产、消费和生活中，都要遵循绿色、低碳、循环、节能的原则，提高资源利用效率，降低环境污染。四是，绿色发展注重绿色技术创新，要求在技术研发和应用中要充分考虑环境因素，实现环境保护和资源节约的目标。

---

[1]　徐晓波，王正. 长江中游城市群绿色发展效率时空演变轨迹及特征研究 [J]. 河北工程大学学报（社会科学版），2023，40（03）：8-14.

二、绿色发展的目标

第一，经济可持续发展。追求经济的可持续发展强调在保障经济增长的同时，尽可能地减少对环境资源的消耗和污染。实现绿色增长，意味着在发展经济的过程中，要兼顾环境保护，使之形成一种良性循环。通过技术创新、产业升级和政策引导等手段，让经济发展与环境保护相互促进，实现经济可持续发展。

第二，环境保护。环境保护，是绿色发展的核心任务。在保障经济社会发展的同时，尽可能地减少对环境资源的消耗和污染，实现人与自然和谐共处。环境保护不仅关乎国家的生态安全，更关乎人民群众的生活质量。通过加强环境监管、完善法律法规、推广绿色生产和生活方式等途径，让环境保护与经济社会发展相辅相成。

第三，社会可持续发展。追求社会的可持续发展，意味着在保障经济社会发展的同时，要充分考虑不同地区、不同社会阶层、不同民族和不同文化背景下的需求，促进社会公平和可持续发展。通过优化资源配置、改善民生、推动城乡一体化和区域协调发展等措施，让社会可持续发展与经济增长相互促进，共同为人民群众创造更美好的生活。

第四，生态安全。在保障经济社会发展的同时，保护生态系统的完整性和稳定性，实现人与自然和谐共处。生态安全是国家安全的重要组成部分，关乎国家的长远发展和人民的生存福祉。通过加强生态保护、恢复生态破坏、推进生态文明建设等途径，为子孙后代创造一个宜居的生态环境。

三、绿色发展的原则

第一，可持续性原则。可持续性是绿色发展的核心，意味着在满足当代人需求的同时，不损害后代人满足其需求的权利。这要求在资源利用、环境保护和经济社会发展之间找到平衡点，确保资源的合理利用和长期供给，避免过度开发导致的资源枯竭和环境破坏。为实现这一目标，在政策制定、产业发展、生活方式等方面进行全面改革，提高资源利用效率，保护生态环境，促进人与自然和谐共生。

第二，创新原则。绿色创新是指通过技术创新和管理创新，推动产业结构优化升级，发展绿色技术，生产绿色产品，提高资源利用效率和环境友好性。这包括开发新能源、新材料、节能降耗技术等，以及推广绿色建筑、绿色交通和绿色消费等。创新是绿色发展的动力，只有不断推动科技创新和产业变革，才能实现绿色发展目标。

第三，公平性原则。绿色发展强调在发展过程中要考虑到不同群体、地区和国家之间的公平性。这意味着要保障所有人享有健康环境的权利，同时也要考虑到发展中国家在环境保护和经济发展之间的特殊需求和挑战。为实现公平性，要加强国际合作，推动全球环境治理，减少南北差距，让更多人享受到绿色发展带来的福祉。

第四，预防优先原则。预防优先是指在可能对环境造成损害的活动之前，采取预防措施，避免或减少环境风险。这要求在项目规划和决策过程中，进行全面的环境影响评估，并采取有效的防范措施。预防优先原则旨在从源头上遏制环境污染和生态破坏，需要全社会共同参与和努力。

第五，公众参与原则。公众参与是绿色发展的重要组成部分，它鼓励公众积极参与到环境保护和绿色发展的决策、实施和监督中来。通过教育、宣传和信息公开等手段，提高公众的环保意识和参与能力，使公众成为绿色发展的积极推动者。公众参与有助于形成全社会共同关注和参与绿色发展的良好氛围，促进绿色发展理念深入人心。

第六，国际合作原则。鉴于环境问题往往具有全球性，国际合作是实现绿色发展的重要途径。各国应加强交流与合作，共同应对气候变化、生物多样性保护等全球性环境问题，共享绿色发展经验和技术，推动全球环境治理体系的完善。国际合作有助于促进绿色发展理念的传播和实践，为实现全球绿色发展目标提供有力支持。

第七，法治保障原则。法治保障是指通过法律手段确保绿色发展的原则得到贯彻实施。这包括制定和完善环境保护法律法规，加大环境监管和执法力度，确保环境违法行为得到及时纠正和惩罚。法治保障为绿色发展提供有力的制度保障，有利于确保绿色发展政策的落地生根和执行。

第八，生态系统管理原则。生态系统管理强调从整体性和系统性的角度出发，对自然资源进行综合管理和保护。这意味着要考虑生态系统的复杂性和相互依赖性，采取措施保护生物多样性，维护生态系统的健康和稳定。生态系统管理有助于实现绿色发展和可持续利用自然资源的目标，促进人与自然和谐共生。

第九，透明度和责任原则。透明度和责任要求政府和企业对其环境行为负责，并向公众披露相关信息。这有助于提高环境管理的透明度，增强公众信任，促进各方积极履行环境保护责任。透明度和责任原则有助于构建绿色发展的良好社会氛围，推动全社会共同参与环境保护和绿色发展。

四、绿色发展的影响

（一）对经济的影响

绿色发展的实践在中国经济领域中发挥着举足轻重的作用。

第一，从资源利用的角度来看，绿色发展强调资源的高效利用和循环利用，通过技术创新和管理创新，提高资源利用效率，降低资源消耗和浪费。这有助于降低企业的生产成本，提高经济效益，从而推动经济增长。同时，绿色发展还能推动绿色产业的发展，如清洁能源、节能环保等，这些产业具有广阔的市场前景和巨大的发展潜力，成为经济增长的新动力。

第二，绿色发展对消费市场具有积极的影响。随着人们环保意识的提高，绿色消费逐渐成为新的消费趋势。消费者更倾向于选择环保、低碳的产品和服务，这能促进绿色消费市场的扩大。同时，绿色消费也促进了产业结构的优化升级，推动经济向绿色、低碳、循环的方向发展。

第三，绿色发展促进国际经济合作。在全球气候变化和环境污染日益严重的背景下，绿色发展理念得到国际社会的广泛认可和支持。中国积极参与国际绿色发展合作，推动绿色发展理念的传播和推广，这不仅有助于提升中国在全球经济中的地位和影响力，也有助于推动全球经济的可持续发展。

（二）对产业的影响

第一，绿色发展推动产业转型升级。随着环保法规的日益严格和消费者对环保产品的需求增加，传统产业面临巨大的环保压力和市场压力。为了应对这些压力，企业不得不进行绿色改造和升级，向绿色、低碳、循环的方向发展。这种转型不仅有助于提升产业整体竞争力和可持续发展能力，还为企业带来新的发展机遇。在这个过程中，企业应注重技术创新，研发绿色产品，改进生产工艺，降低能源消耗和污染物排放。此外，政府也应加大对绿色转型的支持力度，加大政策引导、财政补贴等激励措施，帮助企业度过转型期。

第二，绿色发展促进新兴产业的发展。清洁能源、节能环保、循环经济等新兴产业在绿色发展中得到快速发展。这些产业具有广阔的市场前景和巨大的发展潜力，有助于推动经济向绿色、低碳、循环的方向发展。新兴产业的发展还能带动相关产业的发展，形成产业链的协同效应。在这个过程中，政府和企业应加强合作，共同推进技术创新、人才培养和市场拓展，以提高新兴产业的核心竞争力。同时，加强产业链上下游企业的协同创新，实现产业链整体升级，助力中国经济高质量发展。

第三，绿色发展推动传统产业进行绿色改造。通过技术创新和管理创新，传统产业可以实现绿色改造和升级，提高产业附加值和竞争力，有助于推动中国经济向高质量发展阶段迈进。为实现这一目标，政府应制定相关政策，鼓励企业进行绿色改造，提升绿色生产能力；同时，加强绿色技术的研发与推广，为企业提供技术支持和服务。企业也应积极响应政策号召，加大绿色投资，提高资源利用效率，降低环境污染。

(三) 对地区的影响

绿色发展对中国各地区的发展也产生了深远的影响。

第一，绿色发展有助于优化地区产业结构。在绿色发展理念的指导下，各地区可以根据自身的资源禀赋和发展条件，发展具有地方特色的绿色产业。这有助于推动资源型地区向绿色产业转型，提高地区经济发展质量。

第二，绿色发展有助于改善生态环境。通过加强生态保护和修复工作，各地区可以提高生态环境质量，增强生态服务功能。这有助于提升地区吸引力，促进旅游业、生态农业等特色产业的发展。同时，良好的生态环境还能为当地居民提供更好的生活环境和发展空间。

第三,绿色发展还推动区域间的绿色合作。各地区可以通过加强合作与交流,共同促进绿色发展理念的传播和推广。这有助于形成区域协同发展的良好局面,提升中国区域经济发展的整体水平。

(四) 对群体的影响

绿色发展对中国各群体也产生了重要的影响。

第一,绿色发展提高公众的环保意识。随着绿色发展理念的普及和推广,越来越多的公众开始关注环境问题并积极参与环保行动。这有助于形成全民共治的环境治理格局,推动环境保护工作的深入开展。

第二,绿色发展提高人民群众的生活质量。通过加强生态保护和修复工作以及推广绿色生活方式等措施,人民群众的生活环境得到显著改善。同时,绿色产品和服务的发展也满足了人们对更高生活品质的追求。

第三,绿色发展还推动社会公平。在绿色发展的实践中,注重资源公平分配和环境保护的普惠性能缩小地区、城乡、贫富差距,促进社会和谐稳定。通过推动绿色产业的发展和绿色技术的创新等措施,为弱势群体提供更多的就业机会和发展空间,帮助他们摆脱贫困,实现共同富裕。

五、绿色发展的基本内容

(一) 绿色发展的文化基础

绿色发展的文化基础深植于人类文明的长河中,它源于对自然环境的敬畏、对生态平衡的渴望以及对可持续生活方式的追求。在中华五千年文明史上,绿色发展的理念早已萌芽。古人倡导"天人合一"的哲学思想,强调人与自然的和谐共生,这不仅是古人对宇宙和自然法则的深刻理解,更是绿色发展理念的源头。

绿色发展文化存在于对传统生活方式和价值观的重新审视中。现代社会快节奏的生活方式和物质追求导致了环境资源的过度消耗和生态系统的破坏。绿色发展文化倡导简约、绿色、健康的生活方式,提倡人们在日常生活中要节约能源、减少排放、保护环境,形成绿色、低碳、循环的消费模式。

绿色发展文化强调对自然环境的保护和修复,通过植树造林、湿地保护、野生动植物保护等措施,恢复生态系统的稳定性和多样性,为人类和自然界的和谐共生创造更加适宜的环境。

(二) 绿色发展的精神基础

绿色发展的精神基础是人类对美好未来的追求和向往。它源于人类对自然环境的热爱和敬畏、对生命尊严的尊重和维护以及对社会责任的担当和履行。

第一,绿色发展的精神基础强调人与自然和谐共生的理念。人们认识到自然界是人类的生命之源,保护自然就是保护人类自己。在绿色发展的实践中,人们要尊重自然、顺应自然、保护自然,实现人与自然的和谐共生。

第二,绿色发展的精神基础倡导绿色、低碳、循环的生活方式。人们意识到传统的生活方式对环境资源的消耗和破坏是巨大的,因此要通过节约能源、减少排放、保护环境等措施,形成绿色、低碳、循环的生活方式。这种生活方式不仅有利于环境保护,还有利于提高人们的生活质量和幸福感。

第三,绿色发展的精神基础强调社会责任和担当。人们认识到环境保护是每个人的责任和义务,只有每个人都积极参与到环境保护中来,才能形成强大的合力推动绿色发展。因此,在绿色发展的实践中,人们要自觉履行社会责任,积极投身到环境保护事业中来。

(三) 绿色发展的经济基础

绿色发展的经济基础是指绿色产业和绿色经济体系的建设和发展。随着环境问题的日益严重和人们对可持续发展的追求,绿色产业和绿色经济体系逐渐成为经济发展的新趋势和新动力。

第一,绿色产业是绿色发展的重要支撑。绿色产业包括清洁能源、节能环保、循环经济等领域,这些产业具有广阔的市场前景和巨大的发展潜力。通过发展绿色产业可以推动经济结构的优化升级和转型升级,提高经济发展的质量和效益。

第二，绿色经济体系是绿色发展的重要保障。绿色经济体系包括绿色生产、绿色消费、绿色金融等方面，其强调经济的绿色化、低碳化、循环化，从而推动经济发展方式的转变和升级。通过建设绿色经济体系可以形成绿色发展的长效机制，推动经济社会的可持续发展。

第三，绿色发展的经济基础还包括市场机制和政策支持等方面。市场机制是推动绿色经济发展的重要力量，政府可以通过制定相关政策和法规来引导和规范绿色产业的发展和绿色经济体系的建设。同时，政府还可以通过财政补贴、税收优惠等措施来激励企业和个人积极参与绿色发展的实践。

（四）绿色发展的物质基础

绿色发展的物质基础主要包括科技创新、绿色技术和绿色产品等方面。科技创新是推动绿色发展的重要力量。通过科技创新，可以推动绿色技术的研发和应用，推动绿色产品的升级换代，提高绿色发展的水平和效率。

第一，科技创新是推动绿色技术发展的关键因素。绿色技术是指能够降低能耗、减少排放、提高资源利用效率的技术。通过科技创新，可以推动绿色技术的研发和应用，推动绿色技术的不断创新和进步。这些绿色技术可以广泛应用于能源、交通、建筑等领域，为绿色发展提供有力的技术支持。

第二，绿色产品是绿色发展的重要载体。绿色产品是指符合环保标准，具有节能、减排、可循环等特性的产品。通过科技创新，可以推动绿色产品的升级换代，提高绿色产品的质量和性能，满足人们对绿色消费的需求。同时，绿色产品的推广和应用还可以促进绿色产业的发展和绿色经济体系的建设。

第三，绿色发展的物质基础还包括基础设施建设等方面。基础设施建设是绿色发展的重要保障。通过加强基础设施建设，可以提高资源利用效率，降低能耗和排放，促进绿色发展的深入实践。例如，加强智能电网建设，可以提高能源利用效率，减少能源浪费；加强公共交通建设，可以减少私家车出行，降低交通拥堵和排放等。

(五) 绿色发展的环境基础

绿色发展的环境基础是确保可持续发展战略得以实施的重要基石，其涉及生态系统的保护、生物多样性的保留以及环境质量的提升等多个方面。

第一，生态系统的保护是绿色发展环境基础的核心。生态系统是地球上所有生物及其与环境之间相互作用、相互依存的统一整体。保护生态系统意味着维护其完整性、稳定性和服务功能，以支持人类社会的可持续发展。这包括森林、湿地、草原、海洋等各类生态系统的保护，以及防止土地退化、水资源短缺、生物入侵等问题的发生。

第二，生物多样性的保留对于绿色发展同样至关重要。生物多样性是地球生命体系的重要组成部分，它不仅为人类提供丰富的自然资源，还具有重要的生态、经济和文化价值。保留生物多样性意味着保护物种、种群和生态系统的多样性，防止生物灭绝和生物入侵等问题的发生。

第三，环境质量的提升是绿色发展环境基础的重要目标。环境质量包括空气、水、土壤等环境要素的质量。提升环境质量意味着减少污染排放、提高资源利用效率、保障人民群众生态环境权益。这需要加强环境治理、推进生态文明建设、加强环境监测和执法等措施的实施。

第四，绿色发展的环境基础还包括环境教育和公众参与。环境教育是提高公众环保意识、培养绿色生活方式的重要途径。通过环境教育，可以让人们了解环境问题的严重性和紧迫性，掌握环保知识和技能，形成绿色、低碳、循环的生活方式和消费模式。同时，公众可以通过参与环保活动、监督环保工作、提出环保建议等方式，推动绿色发展的深入实践。

第二节　绿色发展的机制与立体治理

一、绿色发展的机制

（一）市场机制

市场机制是推动绿色发展的重要力量。在市场经济体制下，通过价格信号和竞争机制，可以引导企业和个人减少环境污染，提高资源利用效率。政府可以通过税收、补贴、排放权交易等手段，激励和约束市场主体，实现绿色发展的目标。

第一，税收政策可以鼓励企业减少污染排放。例如，对排放污染物的企业征收环境保护税，使其承担环境成本，从而激励企业减少污染物排放。同时，对使用清洁能源和低碳技术的企业给予税收优惠，引导企业转型升级，发展绿色产业。

第二，补贴政策可以支持绿色技术研发和推广。政府可以对企业研发绿色技术、生产绿色产品给予资金补贴，降低企业研发和生产的成本，推动绿色技术的创新和应用。此外，对购买绿色产品的消费者给予补贴，提高绿色产品的市场竞争力，从而扩大绿色消费。

第三，排放权交易是一种有效的市场化手段。政府设定排放总量，向企业分配排放权，企业可以自主决定是否购买或出售排放权。通过排放权交易，企业可以在控制排放总量的前提下，实现资源优化配置，降低社会成本。

（二）合作机制

绿色发展需要政府、企业、社会组织和公众共同参与，形成合作共赢的局面。合作机制主要包括政府与企业、企业与企业以及国际合作。

第一，政府与企业之间的合作至关重要。政府应加强与企业的沟通与协作，制定合理的政策，引导企业绿色发展。同时，政府可以与企业共同开展绿色技术研发和推广，提高企业绿色竞争力。此外，政府还应加强对企业的监管，确保企业遵守环保法规，履行社会责任。

第二，企业之间的合作也是推动绿色发展的重要途径。企业可以通过共享资源、技术、市场等信息，实现优势互补，降低成本，提高绿色发展的效率。企业还可以共同参与绿色产业园区建设，形成产业链，推动产业升级。

第三，国际合作对绿色发展具有重要意义。各国可以共同应对全球性环境问题，如气候变化、生物多样性保护等。通过国际合作，可以分享绿色技术、管理经验等，提高全球绿色发展的水平。同时，国际合作还有助于形成统一的绿色发展标准和规则，促进全球绿色发展。

（三）监督评估机制

监督评估机制是确保绿色发展政策得到有效执行的重要手段。通过对绿色发展过程中的各个环节进行监督和评估，可以及时发现和解决问题，促进绿色发展目标的实现。

第一，政府应加强对企业和个人的环保监管。通过开展环保执法检查、环境监测等手段，确保企业和个人遵守环保法规，减少环境污染。同时，政府还应加强对绿色政策执行情况的监督，确保政策落到实处。

第二，建立健全绿色发展评估体系。评估体系应包括资源利用效率、环境质量、生态系统状况等方面的指标，全面反映绿色发展的成果。通过对绿色发展进行定期评估，可以及时发现问题，为政策调整提供依据。

第三，加强信息公开和公众参与。政府和企业应主动公开绿色发展相关信息，提高透明度。公众可以通过参与环保公益活动、提出意见和建议等方式，监督绿色发展的过程，促进绿色发展目标的实现。

（四）保障机制

保障机制主要包括法律、政策、资金、人才等方面的支持，为绿色发展提供有力保障。

第一，完善绿色发展的法律法规体系。制定和修订环保法律法规，明确绿色发展目标和要求，为绿色发展提供法治保障。同时，加大环保法律法规的执法力度，严厉打击环境违法行为。

第二，构建绿色发展的政策体系。政策体系应包括财政、税收、金融、产业等方面的政策，形成政策合力，推动绿色发展。例如，加大对绿色产业的财政支持力度，鼓励企业研发绿色技术；实施绿色金融政策，引导资金流向绿色产业。

第三，加大绿色发展的资金投入。政府应设立绿色发展基金，支持绿色技术研发、推广和产业升级。同时，鼓励金融机构和社会资本投入绿色产业，形成多元化的资金投入机制。

第四，培养绿色发展的专业人才。加强绿色发展的教育和培训，提高人才素质，吸引国内外优秀人才参与绿色发展，为绿色发展提供人才保障。

二、绿色发展的立体治理

绿色发展作为中国可持续发展的关键路径，已经成为当今世界发展的重要趋势。为了实现绿色发展，立体治理作为一种有效的手段，应运而生，旨在实现经济社会发展与生态环境保护的协同共赢。

（一）绿色发展与立体治理的内在联系

在当前全球环境问题日益严峻的背景下，绿色发展成为国际社会的共识，旨在推动经济增长与环境保护的和谐共生。立体治理作为一种多维度、多层次、多领域的管理机制，为实现绿色发展提供了有效路径。下面将深入探讨绿色发展与立体治理之间的紧密联系，并分析二者如何相互促进，共同构建一个可持续的未来。

第一，绿色发展是立体治理的核心理念。它基于对传统发展模式的反思，强调在经济发展的同时要考虑到社会公正和环境保护。这种理念要求我们在制定政策时不仅要关注经济效益，还要兼顾生态平衡和社会福祉。例如，推广绿色能源不仅减少了对化石燃料的依赖，减缓了气候变化，同时也创造了新的就业机会，促进了社会公平。立体治理正是建立在这样的核心理念之上，通过整合不同领域和层级的资源与政策，确保决策过程全面考虑经济、社会、环境三个维度，以实现真正的绿色发展。

第二，立体治理是实现绿色发展的有效手段。传统的治理模式往往是线性的、单向度的，而立体治理则打破了这种局限，通过横向与纵向的整合协作，形成网络化的治理结构。在横向上，它涉及多个部门的协调合作；在纵向上，它连接国家、地区、地方等多个层级。这样的治理结构能够更好地应对复杂多变的环境问题，如跨界水资源管理、大气污染控制等，都需要立体治理来统筹各方面的利益和行动。因此，立体治理为绿色发展提供了一种全面、系统的实施途径。

第三，绿色发展与立体治理相互促进。一方面，绿色发展的需求促进立体治理模式的创新与实践。为了应对环境挑战，越来越多的国家和地区开始尝试建立跨部门、跨区域的协作平台，共同推进绿色政策的制定与执行。另一方面，有效的立体治理又能进一步推动绿色发展的理念深入人心，形成良性循环。当公众看到通过立体治理取得的积极成果，如空气质量的提高、生物多样性得到有效保护等，就会更加支持和参与绿色发展的实践。

（二）绿色发展立体治理的特性

1. 系统性：绿色发展立体治理的基石

绿色发展的立体治理首先强调的是系统性。在绿色发展的实践中，我们面对的是一个复杂而庞大的系统，其中包含了经济、社会、环境等多个领域以及体系中的多个环节。这些领域和环节之间相互关联、相互制约，构成了一个复杂的网络。因此，绿色发展的立体治理必须强调系统性，从整体上把握绿色发展的内涵和要求。

在实践中，系统性的绿色发展立体治理要求从宏观和微观两个层面进行考虑。宏观层面，制定全局性的绿色发展策略，明确绿色发展的目标、任务和重点；同时，建立相应的政策体系和制度框架，为绿色发展的实践提供指导和保障。微观层面，关注绿色发展的具体领域，如能源、交通、工业、农业等，制定具体的绿色标准和规范，推动绿色技术的研发和应用。

系统性的绿色发展立体治理还需要强调协调和整合。由于绿色发展的各个领域和环节之间相互关联、相互制约，因此需要加强各个领域和环节之间的协调和整合，这包括政策协调、资源整合、信息共享等方面。只有通过协调和整合，才能确保绿色发展的各个环节相互衔接、相互促进，形成一个有机整体。

2. 综合性：绿色发展立体治理的手段

绿色发展的立体治理强调综合性的治理手段。在绿色发展的实践中，应综合运用多种治理手段，如政策引导、技术支持、市场机制等。这些手段相互补充、相互支持，共同推动绿色发展的实现。

政策引导是绿色发展的重要手段之一。政府可以通过制定绿色发展的政策、法规和标准，引导企业和个人采取绿色生产和生活方式。同时，政府还可以通过财政、税收等手段，对绿色产业和绿色技术给予支持和激励。技术支持也是绿色发展的重要手段。随着科技的不断发展，新的绿色技术和方法不断涌现，为绿色发展的实践提供有力的支持。政府和企业可以加强绿色技术研发和推广，推动绿色技术的普及和应用。市场机制也是绿色发展的重要手段。通过市场机制的作用，可以引导企业和个人采取更加环保和高效的生产和生活方式，如通过碳排放权交易、绿色债券等方式，激发企业和个人参与绿色发展的积极性。

3. 协同性：绿色发展立体治理的动力

绿色发展的立体治理强调协同性。在绿色发展的实践中，各个主体和部门都需要积极参与，形成合力。只有通过协同治理，才能有效地解决绿色发展的各种问题，推动绿色发展的实现。

政府是绿色发展的主导力量，应加强与其他主体的合作和协调，形成合力。企业是绿色发展的重要参与者，需要积极履行社会责任，采取绿色生产方式，减少污染和排放。公众是绿色发展的基础力量，需要树立绿色理念，采取绿色生活方式，减少对环境的破坏和污染。同时，公众还需要积极参与绿色发展的宣传和教育工作，推动绿色文化的普及和传播。

在协同治理的过程中，各个主体和部门需要加强沟通和协调。政府需要听取企业和公众的意见和建议，制定更加符合实际和有效的政策和规划。企业需要积极与政府和其他企业合作，共同推动绿色发展的实现。公众需要积极参与绿色发展的实践和监督工作，推动绿色发展不断深入。

4. 长期性：绿色发展立体治理的保障

绿色发展的立体治理强调长期性。绿色发展的实现需要长期的努力和坚持。只有通过长期的实践和探索，才能有效地推动绿色发展的实现。

（1）长期性意味着绿色发展需要持续投入。这包括资金投入、技术投入和人力投入等方面。政府需要加大对绿色发展的投入力度，推动绿色产业的发展和技术的创新。同时，企业也需要加大对绿色技术的研发和应用投入，推动绿色生产的发展。

（2）长期性意味着绿色发展需要不断完善和调整。随着时代的发展和技术的进步，绿色发展的要求和标准也在不断变化，因此，要不断完善和调整绿色发展的政策和规划，确保其符合时代的要求和发展的需要。

（3）长期性意味着绿色发展需要形成长效机制。长效机制是确保绿色发展长期稳定发展的关键。建立相应的制度框架和机制体系，可为绿色发展的实践提供长期的保障和支持。这包括绿色发展的政策体系、法规体系、标准体系等方面。

5. 可持续性：绿色发展立体治理的目标

可持续性是绿色发展的核心目标，也是立体治理的重要方向。

（1）资源的可持续利用是绿色发展的核心。通过不断探索和创新，提高资源利用效率，降低资源消耗和浪费，这包括发展循环经济，推动资源的循环利用和再生利用，通过技术创新减少生产过程中的资源消耗，以及加强资源的保护和管理，防止资源的过度开发和滥用。

（2）环境的可持续发展是绿色发展的另一重要方面。随着工业化和城市化的加速，环境问题日益突出，环境污染、生态破坏等问题亟待解决。为了实现环境的可持续发展，应加强环境监测和治理工作，制定严格的环保法规和标准，推动企业采取环保措施和进行技术创新。同时，还要加强生态保护和修复工作，保护和恢复生物多样性，维护生态系统的稳定和健康。

（3）社会的可持续发展是绿色发展的最终归宿。绿色发展不仅关注经济和环境的可持续性，更关注社会的公平、和谐和进步。为了实现社会的可持续发展，应加强社会管理和服务工作，推动社会的公平和正义。这包括提高人民的生活质量和幸福感；加强教育、文化、卫生等公共服务建设，提高社会的整体素质和文明程度；推动科技创新和人才培养，为社会的可持续发展提供强大的支撑和动力。

(三) 绿色发展立体治理的措施

1. 加强政策引导

在推动绿色发展的过程中，政府的作用至关重要。政府需要通过制定和完善绿色发展的法律法规，明确绿色发展的目标、任务和政策措施，为绿色发展提供有力的法律保障。这些法律法规应当具有可操作性和针对性，以确保各相关主体在绿色发展过程中的行为合规。

(1) 绿色发展规划。政府应制定绿色发展规划，明确绿色发展的重点领域和优先方向，以引导社会资本投入绿色产业。规划应充分考虑国家的发展战略、资源禀赋、生态环境等因素，确保绿色发展的可行性和可持续性。同时，政府还需加强与各级政府、企业和社会组织的沟通与协作，形成推动绿色发展的合力。

(2) 绿色投资激励政策。政府应加大绿色投资力度，通过财政、税收、金融等手段，鼓励和支持企业、个人和社会组织参与绿色发展。在财政支持方面，政府可以设立绿色产业发展基金，为绿色项目提供资金支持。在税收政策方面，政府可以实施差别化的税收政策，对绿色产业给予税收优惠，降低绿色产业的成本，提高其市场竞争力。

(3) 加强环境监管。政府还需加大环境保护监管力度，确保企业严格遵守环保法规。对违法违规行为进行严厉惩处，维护绿色发展的市场秩序。同时，政府应加强环境监测和信息公开，提高环保工作的透明度，让社会各界共同参与监督，形成共治格局。

(4) 推广绿色生活方式。政府应大力推广绿色生活方式，引导广大民众树立绿色消费观念。通过开展绿色出行、节能减排、垃圾分类等活动，提高民众的环保意识，形成绿色生活新风尚。政府还可以通过设立绿色积分制度等方式，激励民众参与绿色行动，共同为建设美丽绿色家园贡献力量。

(5) 加强国际合作与交流。在全球范围内，政府应加强绿色发展领域的国际合作与交流，共享绿色技术、绿色经验，共同应对气候变化等全球性环境问题。

通过国际合作平台，推动绿色产业发展，促进绿色经济增长，实现共同繁荣。

2. 加强技术支持

绿色发展的推进离不开先进技术的支撑。因此，政府应加大对绿色技术的研发和推广力度。

（1）政府可以设立绿色技术创新基金，为绿色技术的研发提供资金支持。通过资助企业和科研机构开展绿色技术研发，推动绿色技术的创新和发展。

（2）政府应加强产学研合作，推动科研机构、高校和企业之间的合作与交流。通过共同研发、共享资源等方式，提高绿色技术的研发效率和水平。同时，政府还应加强绿色技术的培训和普及工作，提高公众对于绿色技术的认知度和接受度。通过举办培训班、开展宣传活动等方式，向公众普及绿色技术的知识和应用方法，鼓励公众在日常生活中使用绿色技术产品。

为了促进绿色技术的广泛应用和推广，政府还可以采取一系列激励措施。例如，对于采用绿色技术的企业给予税收优惠、贷款支持等奖励措施；对于研发出具有重大创新意义的绿色技术的企业和个人给予表彰和奖励等。这些措施将有助于提高企业和个人对于绿色技术投入和研发的积极性，推动绿色技术的快速发展和应用。

3. 加强市场机制

市场机制是推动绿色发展的重要力量。政府应完善绿色市场机制，推动绿色产品和服务市场的发展。

（1）政府应建立绿色产品认证制度，对符合环保标准的产品进行认证和标识。通过认证和标识制度，提高消费者对于绿色产品的认知度和接受度。

（2）政府应加强绿色产品的宣传和推广工作。通过举办展览、开展宣传活动等方式，向消费者介绍绿色产品的优点和特色，引导消费者购买和使用绿色产品。同时，政府还应加大绿色市场的监管力度，打击假冒伪劣产品和不正当竞争行为，维护绿色市场的健康发展。为了进一步完善绿色市场机制，政府还应加强与其他国家和地区的合作与交流。通过引进国际先进的绿色技术和管理经验，提高中国绿色市场的竞争力和影响力。

（3）政府还应鼓励和支持企业开展跨国合作和贸易往来，推动中国绿色产品和服务在国际市场上的拓展和应用。

4. 加强企业参与

企业是推动绿色发展的重要主体。政府应鼓励企业积极参与绿色发展实践，推动企业绿色转型。

（1）政府可以设立绿色企业认证制度，对符合环保标准的企业进行认证和标识。通过认证和标识制度，提高企业对于绿色发展的认识和重视程度。

（2）政府应加强绿色供应链管理，推动企业实现绿色采购和绿色生产。通过加强供应链的绿色管理，降低企业的生产成本和环境风险，提高企业的竞争力和市场地位。同时，政府还应加强企业间的合作与交流，促进绿色产业链的协同发展。通过共同研发、共享资源等方式，提高整个产业链的环保水平和效率。

为了鼓励企业积极参与绿色发展实践，政府还可以采取一系列激励措施，如对在环保方面表现突出的企业给予表彰和奖励等。这些措施将有助于提高企业的环保意识和参与度，从而推动绿色发展的深入开展。

5. 鼓励公众参与

公众是推动绿色发展的重要力量。政府应鼓励公众积极参与，提高公众对于绿色发展的认识和参与度。

（1）政府应开展绿色教育，向公众普及环保知识和绿色理念。通过举办讲座、展览、宣传活动等方式，提高公众对于环保问题的认识和重视程度。

（2）政府应建立公众参与平台，鼓励公众提出绿色发展的意见和建议。通过设立意见箱、开展问卷调查等方式，收集公众对于绿色发展的意见和建议，为政策制定提供参考依据。同时，政府还应加强与社会组织的合作与交流，共同推动绿色发展向前迈进。

为了提高公众参与度，政府还可以采取一系列措施，如开展绿色志愿者活动，鼓励公众参与环保行动；设立环保奖项，表彰在环保方面作出突出贡献的个人和组织等。这些措施将有助于激发公众的环保参与热情，形成推动绿色发展的合力。

第三节　绿色发展的新道路与新举措

一、绿色发展新道路的开辟原则与策略

（一）绿色发展新道路的开辟原则

第一，公平公正原则。公平公正是绿色发展的社会基础，意味着在发展过程中要保障各个群体特别是弱势群体的环境权益。这要求在环境政策的制定和实施中考虑到社会公平，确保环境改善的成果惠及所有人。为了实现公平公正，应加强环境保护法律法规的建设和执行，加大对环境污染和破坏行为的处罚力度，同时加强对环境弱势群体的保护和援助。

第二，生态优先原则。生态优先原则是绿色发展的核心理念，强调在经济社会发展中要优先考虑生态环境保护。这要求在制定发展战略和政策时，必须充分考虑生态系统的承载能力和环境容量，避免对生态环境造成不可逆的损害。为了实现生态优先，应加强生态环境保护规划，优化国土空间开发格局，推动生态文明建设走深走实。

第三，生态保护原则。生态保护是绿色发展的前提，它要求在经济社会发展中必须保护生态环境，防止生态环境的恶化。这包括建立和完善自然保护区，保护生物多样性，实施生态修复工程，以及加强环境监管和污染防治。为了实现生态保护，应加强生态环境监测和评估，建立健全生态环境保护责任制，从而形成全社会共同参与生态环境保护的格局。

第四，绿色创新原则。绿色创新是推动绿色发展的关键动力，它涉及技术创新、管理创新、制度创新等多个层面。通过绿色技术的研发和应用，可以提高资源利用效率，减少环境污染，促进经济结构的转型升级。为了实现绿色创新，应加强科技创新体系建设，鼓励企业加大绿色技术研发投入，推动产学研深度融合，培养绿色创新人才。

第五，国际合作原则。环境问题是全球性问题，需要国际社会共同应对。国际合作原则强调各国在绿色发展中要加强合作，共享环保技术，协调环境政策，共同应对全球性的环境挑战。为了实现国际合作，应加强国际环保组织的建设和管理，推动国际环保标准的制定和实施，加强国际环保技术交流和合作。

第六，可持续发展原则。可持续发展需要考虑长远的利益，对资源的开发利用要有节制，确保资源的再生能力和生态系统的稳定性。为了实现可持续发展，应加强资源节约和环境保护的宣传教育，促进形成绿色生产方式和绿色生活方式，推动经济社会的可持续发展。

(二) 绿色发展新道路的开辟策略

1. 优化国土空间开发格局

国土空间是绿色发展的物质基础，优化国土空间开发格局是绿色发展新道路的首要任务。坚持生态优先、绿色发展的原则，合理划分生态空间、农业空间和城镇空间，确保各类空间布局合理、功能互补。

(1) 加强生态保护红线的划定与管理，对生态敏感区域实行最严格的保护制度，确保生态系统稳定性和生物多样性。

(2) 优化农业空间布局，推动农业现代化和可持续发展，确保粮食安全。同时，要科学规划城镇空间，促进城镇化健康发展，提升城市品质和居民生活水平。

在具体实施过程中，要加强国土空间规划管理，完善规划编制和实施机制。加强规划与其他政策的衔接与协调，确保各类空间开发活动符合绿色发展要求。此外，还需要加强监测评估与监督管理，确保规划的有效实施和落地。

2. 推进产业转型升级

产业转型升级是绿色发展新道路的关键环节。应加快淘汰落后产能，优化产业结构，发展绿色低碳产业。通过技术创新和改造升级，推动传统产业向绿色化、智能化、高端化方向发展。同时，积极培育新兴产业和绿色产业，推动循环经济发展。加强绿色技术研发和成果转化应用，推动绿色产业技术创新和产业升级。此外，加强产业协同和区域合作，推动产业链、创新链、资金链和政策链深度融合。

在推进产业转型升级过程中,要加强政策引导和支持,制定绿色产业发展规划和政策措施,引导企业加大绿色投入和研发力度;同时,还要加大市场监管和执法力度,确保绿色产业健康有序发展。

3. 强化绿色技术创新

绿色技术创新是绿色发展新道路的重要动力。首先,加大绿色技术研发投入力度,突破关键核心技术瓶颈,加强绿色技术研发机构和平台建设,推动产学研用深度融合。其次,推动绿色科技成果转化应用,建立健全绿色科技成果转化机制和市场体系,促进绿色科技成果转化为现实生产力。再次,加强绿色技术国际合作与交流,引进国外先进绿色技术和管理经验。最后,在强化绿色技术创新过程中,加大绿色技术人才培养和引进力度,打造一支高素质、专业化的绿色技术创新人才队伍。

4. 构建绿色金融体系

绿色金融体系是绿色发展新道路的重要支撑。应完善绿色金融政策体系,引导金融机构加大对绿色产业的支持力度。加强绿色金融产品和服务创新,满足绿色产业和项目的融资需求。加强绿色金融国际合作与交流,推动绿色金融全球治理体系建设,加强与国际金融机构的合作与交流,共同推动全球绿色金融发展。

在构建绿色金融体系过程中,要加强绿色金融政策与其他相关政策的协调与配合,形成政策合力;同时,还要加强绿色金融监管和风险防范工作,确保绿色金融活动健康有序发展。

5. 建立健全绿色法律法规体系

绿色法律法规体系是绿色发展新道路的重要保障。首先,完善环境保护法律法规体系,加大环境违法行为的打击力度。建立健全绿色税收、绿色采购、绿色认证等政策体系,引导企业和社会公众积极参与绿色发展。其次,加强环境监测、环境执法和环境司法能力建设。完善环境监测网络和数据共享机制,提高环境监测能力和水平。加大环境执法力度和规范化水平,确保环境法律法规得到有效执行。加强环境司法能力建设,提高环境司法审判质量和效率。最后,在建立健全绿色法律法规体系过程中，还要激发公众的参与热情，加强公众舆论监督。加强环保宣传和教育工作，提高公众环保意识和参与度。加大舆论监督力度，鼓励社会各界对环保工作进行监督和评价。

6. 培育绿色文化

绿色文化是绿色发展新道路的基石，要深入开展生态文明教育，提高全民绿色素质。首先，加强生态文明教育体系建设，推动生态文明教育进校园、进社区、进家庭。其次，倡导绿色生活方式和消费模式，推广绿色出行、绿色消费等绿色生活方式，鼓励公众选择绿色产品和服务。最后，加强绿色文化交流与合作，传播绿色发展理念和实践经验，形成全社会共同参与绿色发展的良好氛围。

在培育绿色文化过程中，还要加强媒体宣传和舆论引导，加大主流媒体对绿色发展的宣传报道力度，营造积极向上的舆论氛围。同时，加强网络文化建设和管理，规范网络空间秩序，为绿色发展新道路提供有力支持。

二、绿色发展的新举措

（一）新举措的内容

第一，政策支持。国家发展改革委表示，将制定促进经济社会发展全面绿色转型的政策举措，深入实施全面节约战略，加快重点领域节能降碳改造，构建废弃物循环利用体系，推动绿色低碳高质量发展。

第二，区域合作。支持内蒙古等地区建设"无废城市"，推进大宗固体废弃物综合利用示范基地建设，加强绿色低碳发展区域协作，推进与沿黄省区及毗邻区域的生态环境共保和水污染共治。

第三，产业升级。推动制造业绿色化发展，加快传统产业绿色改造升级，发展绿色金融、物流、电子商务等生产性服务业，提升现代服务业绿色发展水平。

第四，生态保护。强化自然保护地生态环境监管，全面清理生态管控区问题，创建"绿水青山就是金山银山"实践创新基地，探索森林碳汇交易和生物多样性保护。

第五，税收优惠。发布支持绿色发展的税费优惠政策，包括推动清洁能源发展、支持环境保护、促进节能环保、鼓励资源综合利用等方面的优惠政策。

第六，金融创新。绿色金融成为推动绿色低碳转型的重要手段，通过创新绿色金融、绿色消费等领域的融资模式，引导社会资本投入绿色产业。

第七，国际合作。加强绿色低碳国际合作，支持内蒙古等地区融入共建绿色丝绸之路，深化与俄罗斯等国的绿色低碳务实合作。

（二）政府的推动措施

第一，推动制造业绿色化发展。工业和信息化部等七部门发布的《关于加快推动制造业绿色化发展的指导意见》提出到2030年，制造业绿色低碳转型成效显著，传统产业绿色发展层级整体跃升，产业结构和布局明显优化，绿色低碳能源利用比例显著提高，资源综合利用水平稳步提升，污染物和碳排放强度明显下降，碳排放总量实现达峰，新兴产业绿色增长引擎作用更加突出，规模质量进一步提升，绿色低碳产业比重显著提高，绿色融合新业态不断涌现，绿色发展基础能力大幅提升，绿色低碳竞争力进一步增强，绿色发展成为推进新型工业化的坚实基础。

第二，构建绿色低碳技术创新体系。通过产业基础再造工程和重大技术装备攻关工程，有序推进与绿色低碳转型密切相关的关键基础材料、基础零部件、颠覆性技术攻关，加快突破绿色电力装备、轨道交通、工程机械等一批标志性重大装备。

第三，完善绿色化发展政策体系。以精准、协同、可持续为导向，完善支持绿色发展的财税、金融、投资、价格等政策，创新政策实施方式，逐步建立促进制造业绿色化发展的长效机制。

第四，优化能源结构。大力发展新能源和清洁能源，持续增加天然气生产供应，新增天然气优先保障居民生活和清洁取暖需求。

第五，严格合理控制煤炭消费。在保障能源安全供应的前提下，重点区域继续实施煤炭消费总量控制，重点削减电力用煤。

第六，优化交通结构。大力发展绿色运输体系，持续优化调整货物运输结构，加快提升机动车清洁化水平，强化非道路移动源综合治理，全面保障成品油质量。

(三) 绿色金融的推动

第一,完善法律法规。推动绿色金融领域的立法工作,发挥法治在绿色金融发展中的保障作用。只有通过法律手段,才能为绿色金融的发展提供有力的法律保障。

第二,建立绿色金融考核评价机制。完善金融机构的绿色金融考核评价机制,加大力度对金融机构的绿色金融业务及能力进行评价和考核。这有助于推动金融机构积极发展绿色金融业务,提高其绿色金融业务的能力。

第三,丰富货币政策工具。充分利用碳减排支持工具,以促进绿色金融发展,有助于引导金融机构和市场更加关注绿色金融,推动绿色金融的发展。

第四,将碳减排信息与信贷评价挂钩。将高排放行业和高排放项目的碳减排信息与信贷评价、信用体系建设相挂钩,推动这些行业绿色低碳转型及数字化、智能化升级。

第五,深化绿色金融区域改革,稳步有序探索具有区域特色的绿色金融发展和改革新路径。

第六,在国家区域重大战略中,进一步支持绿色发展,助力绿色经济的壮大。

第七,积极引进绿色投资机构,鼓励金融机构将资金更多投向绿色产业,带动社会资本投资绿色企业。

第八,推动金融系统逐步开展碳核算,制定统一的金融机构和金融业务碳核算标准,构建统一的绿色金融标准体系。

第九,促进绿色金融产品和市场发展。推进碳排放权交易市场建设,鼓励金融机构利用绿色金融或转型金融标准,加大对能源、工业、交通、建筑等领域绿色发展和低碳转型的信贷支持力度。

第十,加大资本市场支持绿色低碳发展力度,支持符合条件企业在境内外上市融资或再融资。

第四节　中国绿色发展及其现代化治理体系

绿色发展是当前全球关注的重要议题，也是中国现代化治理体系建设的重要内容。中国式现代化绿色发展方式是新时代持续有效深化生态文明建设的有益实践，成果直接指向人与自然和谐共生的现代化。[①] 中国绿色发展现代化治理体系建设，是指在推进绿色发展的过程中，建立起一套完整的现代化治理体系，通过科学规划、政策引导、制度保障、技术支持等手段，实现绿色发展的目标。

一、中国绿色发展的经验、发展与战略规划

（一）中国绿色发展的经验

在中国绿色发展的实践过程中，中国共产党领导中国人民积累了许多成功经验，这些经验在理论、制度、体系等方面具有建设性和世界性。这些经验为全球绿色发展提供了有益的参考。

第一，坚持一个领导核心，统筹推进绿色发展。中国特色社会主义最本质的特征是坚持中国共产党的领导。中国绿色发展最本质和最重要的特征也是党的领导。只有中国共产党能够带领中国人民实现幸福，党百年来的生态文明发展之路和新时代以来绿色发展所取得的成就也一再证明，只有中国共产党才能带领中国人民实现更绿色的发展。始终坚持党对绿色发展的领导，才能走好新时代的绿色发展之路。

第二，坚持系统思维，推进绿色发展。绿色是美好生活的基础，是人民群众的期盼。推进美丽中国建设，坚持山水林田湖草沙一体化保护和系统治理，统筹产业结构调整、污染治理、生态保护、应对气候变化，协同推进降碳、减污、扩绿、增长，推进生态优先、节约集约、绿色低碳发展。

---

① 贾敏. 中国式现代化绿色发展方式的生态意蕴［J］. 中学政治教学参考，2024（15）：91-93.

第三，坚持以人民为中心的绿色发展。绿色发展是为了中国人民福祉的探索，是依靠人民、为了人民、成果由全体人民共享的发展。绿色发展要从人民对当下和未来的美好生活需要出发，以发展成果全体人民共享为结果。

第四，坚持以绿色指标为向度的绿色发展。绿色指标是绿色发展的评价向度，是区别于旧有发展模式、发展道路，区别于传统GDP指标衡量发展水平的全新评价标准。当前绿色发展的主要指标参数有三个方面的内容：绿色环境指数、绿色经济指数和绿色素质指数。

第五，坚持科技创新，推动绿色发展。实现绿色发展离不开科技创新，不是建立在高科技上的绿色发展，就不是真正意义的绿色发展。绿色科技创新是绿色经济发展的重要支撑和根本手段。

第六，坚持建立健全绿色发展的体制机制。实现绿色发展不仅是一个发展问题，还是一个体制问题、法律问题。由于绿色发展涉及国家经济社会运行的方方面面，其体制机制的构建完善更是一个系统问题。当前绿色发展制度的构建完善主要包含三个方面：相关绿色法律的修订、对法律执行监督管理体制机制的完善和市场化的绿色发展体制机制的构建。

（二）中国绿色发展的未来发展方向

第一，加强环境保护。环境保护是绿色发展的核心，也是未来发展的主要方向之一。中国将继续加强环境保护，加强环境监测和监管，推进环保产业发展，提高环境治理水平。

第二，推动能源转型。能源转型是实现绿色发展的关键。中国将继续推动能源转型，减少化石能源的消费，推广清洁能源，提高能源利用效率，降低能源消耗强度。

第三，发展绿色经济。绿色经济是实现可持续发展的必然选择。中国将继续发展绿色经济，加强绿色产业的发展，推动绿色消费，推进低碳城市和绿色社区建设。

第四，加强国际合作。绿色发展是全球性的问题，需要国际合作来解决。中国将继续加强国际合作，推动国际绿色发展的进程，加强与其他国家的环保合作，共同应对全球环境问题。

(三) 中国绿色发展的战略规划

第一，深入全面构建绿色发展战略。中国将继续秉持前瞻性和战略性的眼光，深入构建一套全面、系统的绿色发展战略。加强绿色发展的顶层设计和规划，确保绿色发展的理念和目标贯穿经济社会发展的全过程。明确绿色发展的核心目标和具体任务，致力于推动经济结构优化升级，实现资源利用的高效化和环境的持续改善。同时，全面推进各项绿色发展措施的落地实施，确保各项政策、措施能够真正落地生根，为绿色发展提供坚实支撑。

第二，进一步强化政策扶持力度。为了促进绿色发展的顺利实施，中国将继续加大政策支持力度，制定更加精准、有力的政策措施。将优化财政、税收、金融等领域的政策环境，为企业和个人提供更为有力的支持。同时，建立健全绿色发展的激励机制，通过奖励、补贴等方式，激发社会各界参与绿色经济发展的积极性。此外，加强政策执行和监管力度，确保各项政策能够得到有效落实，真正发挥政策在推动绿色发展中的重要作用。

第三，注重技术创新驱动，推动绿色发展迈上新台阶。技术创新是推动绿色发展的关键所在，中国将更加注重发挥科技创新在绿色发展中的引领作用。加大对绿色技术研发的投入力度，推动绿色技术的突破和创新。同时，加强绿色技术的推广应用，扩大绿色技术的覆盖范围，提高绿色技术的普及率。此外，将加强与国际的技术合作与交流，引进和吸收国际先进的绿色技术和管理经验，不断提升绿色发展的水平和竞争力。

二、绿色发展对治理体系现代化的新要求

现代化绿色治理体系强调以人为本的长期协调可持续，是在结构层面实现的形态转换，兼顾绿色与效益，平衡环境与发展的目标达成。因此，绿色发展对治理体系现代化的新要求体现在价值要求、主体要求、目标要求和路径要求四个方面。

（一）价值要求

绿色发展作为一种新的发展理念，强调人与自然的和谐共生，追求可持续发展和生态文明建设。在现代化治理体系中，绿色发展要求我们尊重自然、保护环境，实现人与自然的和谐共生。建立一套科学、合理、有效的治理机制，将绿色发展的理念贯穿于社会经济生活的方方面面。具体而言，关注以下几个方面：

第一，环境友好型政策制定。政府应当制定一系列有利于环境保护的政策，如限制污染物排放、鼓励绿色技术的研发和应用等。

第二，绿色产业的发展。政府应当加大对绿色产业的支持力度，引导社会资本投入绿色产业，以推动绿色经济的发展。

第三，环境教育和公众参与。政府应当加强对公众的环境教育，提高公众的环保意识，鼓励公众参与绿色发展和环境保护活动。

（二）主体要求

绿色发展现代化治理体系的主体要求我们转变发展方式，提高资源利用效率，减少环境污染和生态破坏。树立绿色发展理念，加强环保法律法规的制定和实施，加大对环保产业的扶持力度，提高公众的环保意识，形成全民参与绿色发展的良好氛围。具体而言，关注以下几个方面：

第一，牢固树立绿色发展理念。这是绿色发展现代化治理体系的基础，也是我们转变发展方式、优化经济结构的指导思想。我们要在全社会范围内普及绿色发展理念，使每一位公民都认识到绿色发展的必要性和重要性，从而自觉地参与到绿色发展的实践中。

第二，加强环保法律法规的制定和实施。环保法律法规是绿色发展现代化治理体系的重要保障。政府应当不断完善环保法律法规，确保环境保护政策的有效执行。这包括加大对环境污染和生态破坏行为的惩处力度，使之承受不起违法成本，从而有效遏制环境违法行为。

第三，加大对环保产业的扶持力度。政府应当引导社会资本投入环保产业，以推动绿色经济的发展。这不仅有助于提高资源利用效率，减少环境污染和生态破坏,还能促进产业结构优化,创造更多就业机会。在扶持环保产业的过程中,我们要注重技术创新,引进国际先进技术,培育具有核心竞争力的环保企业,使我国环保产业尽快走向国际市场。

第四,提高公众的环保意识也是绿色发展现代化治理体系的重要组成部分。政府应当通过多种渠道,加大对环保知识的宣传力度,提高全民环保意识。公众环保意识的提高,有助于形成全民参与绿色发展的良好氛围,使绿色发展成为全社会的共同追求。

(三)目标要求

绿色发展现代化治理体系的目标要求我们实现经济、社会、环境的协调发展,提高人民生活水平,保障国家安全。

第一,关于绿色发展战略的制定。政府应当站在全局高度,统筹考虑经济社会发展与环境保护之间的关系,制定和实施科学、全面、可持续的绿色发展战略。这一战略应当明确绿色发展的目标、任务、措施,加强政策协调和资源整合,确保各项政策之间的衔接和协同。同时,政府还应积极倡导绿色生活方式,引导公众树立绿色发展理念,推动全社会形成绿色发展共识。

第二,经济、社会、环境的协调发展是绿色发展的核心要求。政府应当推动产业结构优化升级,加快绿色低碳产业的发展,促进经济增长方式的转变。同时,政府应注重社会公平与和谐,提高人民的幸福感和获得感。在环境保护方面,政府应当加大环境监管力度,严格控制污染物排放,改善环境质量,确保人民的身体健康和生命安全。

第三,提高人民生活水平是绿色发展的根本目的。政府应当通过绿色发展,为人民创造更加宜居、宜业、宜游的环境,提高人民的生活质量和幸福感。同时,绿色发展还有助于保障国家安全。通过加强生态环境保护,维护国家的生态安全;通过推动绿色低碳产业的发展,增强国家的经济竞争力;通过倡导绿色生活方式,提升国家的文化软实力。

(四)路径要求

绿色发展现代化治理体系的路径要求我们创新绿色发展方式,加强国际合作，推动绿色发展的全球治理。深入研究绿色发展的理论和实践，借鉴国际先进经验，加强国际交流与合作，推动绿色发展的全球治理。具体而言，关注以下几个方面：

第一，创新发展绿色经济模式。政府应当积极推动绿色发展方式的创新，如推广清洁能源、发展循环经济、提高能源利用效率等。通过这些措施，我们可以有效地降低环境污染，提高资源利用效率，促进经济社会的可持续发展。

第二，加强国际交流与合作。在全球绿色发展进程中，政府应当充分发挥国际组织的作用，加强与其他国家的交流与合作。通过分享绿色发展经验和技术，我们可以共同应对全球环境问题，推动绿色发展的全球治理。

第三，制定和完善绿色发展政策。政府需要制定一系列绿色发展政策，以鼓励和引导企业和个人参与绿色产业发展。这些政策包括财政支持、税收优惠、技术创新扶持等，旨在营造良好的绿色发展环境。

第四，提升公众环保意识。政府应当加强环保宣传教育，提高公众对绿色发展和环保的认识。通过自觉践行绿色生活方式，广大民众可以成为绿色发展的有力推动者。

第五，强化国际绿色治理合作。在国际层面上，各国政府应积极参与全球环境治理，共同应对气候变化、生物多样性保护等全球性环境问题。通过加强国际合作，我们可以共同维护地球生态安全，为人类可持续发展作出贡献。

第六，推动绿色技术研发与应用。政府应当鼓励和支持绿色技术的研发与应用，以促进绿色产业的发展。通过技术创新，我们可以不断提高资源利用效率，降低环境污染，实现绿色增长。

三、中国绿色发展现代化治理体系构建

绿色发展现代化治理体系是中国在推进绿色发展的过程中，借鉴国际先进经验，结合本国实际，构建起的一套系统化、科学化、法治化的治理体系。

（一）绿色发展现代化治理体系的特点

第一，系统化。绿色发展现代化治理体系是一个有机的整体，各要素之间相

互关联、相互影响，形成一个完整的治理网络。

第二，科学化。在治理过程中，要运用科学的方法，进行系统分析和评价，以确保治理措施的合理性和有效性。

第三，法治化。依据法律法规，对绿色发展进行规范和监督，确保绿色发展目标的实现。

第四，社会化。意味着绿色发展现代化治理体系需要广泛动员社会力量，共同参与绿色发展，形成全民参与、全民共治的良好局面。

第五，参与化。充分发挥政府、企业、社会组织等各方的积极作用，共同推动绿色发展现代化治理体系的构建。

(二) 绿色发展现代化治理体系的基本框架与要素

绿色发展现代化治理体系的基本框架包括：政策框架、法律框架、技术框架、市场框架和社会框架。其中，政策框架是绿色发展的总体指导思想，法律框架是绿色发展的基本保障，技术框架是绿色发展的关键支撑，市场框架是绿色发展的激励机制，社会框架是绿色发展的广泛参与。在中国，绿色发展现代化治理体系的实践与成效已经逐步显现。这种治理体系以绿色、低碳、循环、可持续为基本特征，以人与自然和谐共生为目标，旨在实现经济、社会和环境的协调发展。

(三) 绿色发展现代化治理体系的实施路径

第一，绿色发展政策的不断完善和实施，为绿色发展提供有力的政策支持。中国政府高度重视绿色发展，制定了一系列相关政策，如《绿色发展战略纲要》《生态文明建设纲要》等，为绿色发展提供了政策指导。此外，政府还出台了一系列具体措施，如提高能源利用效率、推广清洁能源、限制高污染企业等，以促进绿色经济的发展。

第二，绿色发展的法律法规体系不断完善，为绿色发展提供有力的法治保障。中国政府已经制定了一系列绿色发展相关的法律法规，如《环境保护法》《循环经济促进法》等，这些法律法规为绿色发展的实施提供了法律依据。同时，政府还加大了环境保护执法力度，对违反绿色发展法律法规的企业和个人进行严厉查处，以确保绿色发展的实施效果。

第三，绿色技术的研发和应用，为绿色发展提供有力的技术支撑。中国政府加大了对绿色技术的研发投入，鼓励企业研发和应用绿色技术。同时，政府还制定了一系列政策，如税收优惠、科研资金支持等，以推动绿色技术的创新和发展。这些政策的实施，为绿色技术的应用提供了有力的支持。

第四，绿色市场的培育和发展，为绿色发展提供有力的市场激励。中国政府积极推动绿色市场的培育和发展，如推广绿色产品、建立绿色供应链、发展绿色金融等。这些措施的实施，为绿色发展提供了市场动力。

第五，社会的广泛参与，为绿色发展提供有力的社会支持。中国政府高度重视公众参与绿色发展，通过开展绿色出行、绿色生活等活动，提高公众对绿色发展的认识和参与度。同时，政府还加强与公众的沟通和互动，及时回应公众对绿色发展的关切和需求。这些措施的实施，为绿色发展的实施提供了有力的社会支持。

四、中国绿色发展的现代化社会公众治理体系的构建

社会公共权力的主体是人民群众，公共权力实现者应当服务社会公众。新阶段中国绿色发展的现代化治理体系应从表达机制、综合机制与评价机制三个层面建立社会公众治理体系，树立根植于人民的方法论保障。

（一）社会公众治理体系表达机制

社会公众治理体系表达机制是实现绿色发展目标的基础，这一机制旨在引导公众积极参与绿色发展的过程，通过各种渠道和形式，表达公众对绿色发展的需求和期望。

第一，信息传播渠道。通过新闻媒体、社交媒体、线上论坛等多种渠道，传播绿色发展理念，提高公众对绿色发展的认识和理解。

第二，公众参与平台。建立专门的社会公众参与平台，如绿色发展论坛、绿色发展研讨会等，为公众提供一个交流、分享、参与绿色发展相关活动的平台。

第三，政策建议渠道。鼓励公众通过各种途径，如信函、电话、邮件等，向政府提出绿色发展政策建议，为政府决策提供参考。

（二）社会公众治理体系综合机制

社会公众治理体系综合机制是实现绿色发展目标的关键，这一机制旨在整合各方资源，形成合力，推动绿色发展政策的实施。

第一，政府与公众的互动。政府要积极回应公众关切，及时回应公众对绿色发展政策的意见和建议，形成政府与公众的良性互动。

第二，社会组织的参与。鼓励社会组织积极参与绿色发展，通过组织各种活动，提高公众对绿色发展的关注度和参与度。

第三，企业与公众的协作。引导企业关注绿色发展，通过企业内部绿色生产、绿色供应链等途径，推动绿色发展实践。

（三）社会公众治理体系评价机制

社会公众治理体系评价机制是确保绿色发展目标实现的重要手段，这一机制旨在对绿色发展政策的实施效果进行评价，为政府决策提供参考。

第一，公众满意度评价：衡量绿色发展政策落地效果的重要指标。通过问卷调查、公众访谈等多种形式，深入了解公众对绿色发展政策的满意程度，从而为政策调整提供有力依据。这一环节的重要性在于，它将民众的需求和期望纳入政策制定和调整的过程中，使得政策更加贴近民生，更好地服务于人民群众。

第二，绿色发展指标评价：以数据为依托，评估政策实施效果。通过统计分析、监测调查等手段，对绿色发展政策的各项指标进行客观评价，为政策优化提供有力支撑。这一环节的关键在于，选取具有代表性、可量化的绿色发展指标，确保评价结果能够全面、准确地反映政策实施效果。

第三，绿色发展案例评价：总结经验，为政策制定提供借鉴。通过挖掘和推广绿色发展领域的优秀实践，为政策制定者提供有益的借鉴和启示。这一环节的意义在于，从实际出发，总结经验，为政策制定者提供创新思路和解决方案，推动绿色发展政策的不断完善。

练习与思考

1. 请简述绿色发展的基本理论及其核心观点。
2. 请分析绿色发展的机制与立体治理的关系。
3. 请阐述中国绿色发展及其现代化治理体系的主要特点。

第三章　绿色经济发展的多元形态思考

第一节　低碳经济的崛起与创新发展

一、低碳经济的崛起

低碳经济是当前全球经济发展的新趋势，是指在保障经济可持续发展的前提下，通过减少温室气体排放，提高能源利用效率，促进资源循环利用，实现经济、社会和环境的和谐发展。

（一）低碳经济的产生与内涵

低碳经济的概念最早由英国经济学家尼古拉斯·斯特恩在 2006 年提出。他认为，为了应对全球气候变化的挑战，必须转变经济发展方式，从高碳经济向低碳经济转型。低碳经济的内涵主要包括以下几个方面：

第一，能源结构转型。低碳经济需要优化能源结构，减少化石能源的使用，提高可再生能源的比例，如太阳能、风能、水能等。

第二，节能减排。低碳经济需要加强节能减排工作，提高能源利用效率，降低能源消耗，减少温室气体排放。

第三，循环经济。低碳经济需要推动循环经济的发展，加强资源循环利用，减少废弃物的排放，降低对环境的污染。

第四，科技创新。低碳经济需要依靠科技创新，开发新的清洁能源，提高能源利用效率，减少温室气体排放。

第五，政策支持。低碳经济需要政府出台相应的政策支持，鼓励企业和个人参与低碳经济的发展，促进低碳经济的可持续发展。

（二）低碳经济的发展历程

低碳经济的概念源于对气候变化和环境恶化的担忧，旨在实现经济发展与环境保护的双赢。低碳经济的发展历程可以追溯到20世纪末，当时国际社会开始关注全球气候变暖问题。1992年，联合国环境与发展会议通过《联合国气候变化框架公约》，标志着全球低碳经济的开端。

自工业革命以来，人类社会对化石能源的过度依赖导致温室气体的大量排放，进而引发全球气候变暖等一系列环境问题。在此背景下，低碳经济应运而生，旨在通过减少高碳能源消耗和温室气体排放，实现经济社会与生态环境的和谐共生。

低碳经济的概念最早可追溯到20世纪90年代，当时国际社会开始关注气候变化和环境问题，并提出一系列应对措施。进入21世纪，随着全球气候变化问题的日益严重，低碳经济逐渐成为全球关注的焦点。英国政府于2003年首次提出"低碳经济"的概念，并明确其发展的目标和路径。

低碳经济的发展历程大致可以分为三个阶段：

第一阶段是初步探索期，主要集中在发达国家。这些国家通过技术创新和制度创新，推动能源结构转型和产业升级，减少温室气体排放。例如，英国大力发展风能、太阳能等清洁能源，减少对化石能源的依赖；德国则通过推广绿色建筑和节能技术，提高能源利用效率。

第二阶段是快速发展期，此时低碳经济开始在全球范围内得到广泛推广和实践。各国政府纷纷制定相关政策，推动低碳经济的发展。中国作为世界上最大的发展中国家，也积极响应全球低碳经济的号召，制定一系列政策措施，如推广新能源汽车、发展节能环保产业等。

第三阶段是深化发展期，低碳经济开始与经济社会的各个领域深度融合。在这一阶段，低碳经济的发展不再仅仅局限于能源和环境领域，而是扩展到交通、建筑、工业等各个领域。同时，随着技术的进步和成本的降低，低碳经济的可行性和竞争力得到进一步提升。

在低碳经济的发展过程中，技术创新和制度创新发挥至关重要的作用。技术创新推动清洁能源和节能技术的发展，为低碳经济的实现提供技术支撑；制度创新则为低碳经济的发展提供制度保障和政策支持。未来，随着全球气候变化问题的进一步加剧和能源结构的不断转型，低碳经济将继续发挥重要作用，引领全球经济的可持续发展。

(三) 低碳经济的发展意义

第一，低碳经济的发展意义在于缓解气候变化。全球气候变化已经成为人类面临的重要挑战之一，低碳经济的发展可以从根本上减少温室气体的排放，降低全球气候变化的风险。通过转变经济发展模式，降低对高碳能源的依赖，有效地解决气候变化带来的各种问题，为人类提供一个可持续发展的生存环境。

第二，低碳经济的发展有助于促进经济的可持续发展。在传统经济发展模式下，过度追求经济增长往往导致环境破坏和社会不公。低碳经济的发展则可以实现经济增长与环境、社会的和谐发展，确保经济发展与社会进步、人民福祉紧密相连，从而提高人们的生活质量。

第三，低碳经济的发展有助于提升中国的国际竞争力。在全球应对气候变化的大背景下，低碳经济成为各国竞争的新焦点。通过发展低碳经济，中国可以抢占产业转型的制高点，推动绿色技术创新，提升国际竞争力，进一步促进国际贸易的发展，有助于提高国家的综合国力。

第四，低碳经济的发展对于推动能源转型具有重要意义。发展低碳经济，推动能源结构的优化，实现能源的可持续发展，这将有助于解决能源安全问题，降低对化石能源的依赖，提高能源利用效率，从而为中国的能源安全提供有力保障。

(四) 低碳经济的兴盛发展

第一，低碳经济已经成为全球经济发展的重要方向。随着"碳达峰""碳中和"的加速推进，低碳经济和绿色经济逐渐成为中国未来社会经济发展的主流，对于国家可持续发展意义重大。[1]

第二，低碳经济正在逐步改变全球能源结构。目前，全球正在大力推广可再生能源，如太阳能、风能、水能等。

第三，低碳经济正在逐步改变全球经济结构。目前，全球正在大力推广低碳

---

[1] 易佳. 低碳经济与绿色经济的辨证关系及发展路径研究 [J]. 商业2.0, 2023 (11): 7-9.

技术和低碳产业，如电动汽车、智能电网、低碳建筑等。

第四，低碳经济正在逐步改变全球社会结构。目前，全球正在大力推广低碳生活方式，如节能减排、低碳出行、低碳饮食等。

低碳经济的发展历程与现状表明，低碳经济已经成为全球经济发展的重要方向，正在逐步改变全球能源结构、经济结构和社会结构。未来，低碳经济将继续得到全球各国的重视和推动，为实现可持续发展做出贡献。

（五）低碳经济发展的基本框架

1. 能源低碳化

能源低碳化是指在能源生产和消费过程中，通过技术创新、政策引导等手段，降低能源消费强度和碳排放强度，实现能源消费结构的优化。能源低碳化是低碳发展的核心，是实现低碳经济的关键。中国能源低碳化主要表现在以下几个方面：

第一，提高能源利用效率。提高能源利用效率是降低碳排放强度的重要途径。中国在提高能源利用效率方面取得显著成效，如推广节能建筑、提高工业生产过程中的能源利用效率、提高交通运输工具的能效等。

第二，发展清洁能源。清洁能源是指不排放温室气体的能源，包括太阳能、风能、水能、生物质能等。中国清洁能源发展迅速，已成为全球最大的清洁能源市场。

第三，优化能源消费结构。中国能源消费结构以煤炭为主，石油和天然气消费量也较大。优化能源消费结构是实现能源低碳化的关键。中国政府采取了一系列政策措施，如提高非化石能源消费比重、控制煤炭消费总量、提高能源利用效率等，以促进能源消费结构的优化。

2. 技术节能化

技术节能化是指在生产和生活过程中，通过技术创新、管理创新等手段，提高能源利用效率，降低能源消耗和碳排放。技术节能化是实现低碳经济的重要途径，对于提高能源利用效率、降低碳排放具有重要意义。中国在技术节能化方面取得了一定的成果，主要表现在以下几个方面：

第一，推广节能技术。中国在推广节能技术方面取得了显著成效，如推广节能建筑、提高工业生产过程中的能源利用效率、推广节能汽车等。

第二，发展循环经济。循环经济是指在生产和生活过程中，通过资源的循环利用，实现经济增长与环境保护的协调发展。中国循环经济发展迅速，已成为实现低碳经济的重要途径。

第三，提高能源管理水平。中国政府高度重视能源管理工作，出台了一系列政策措施，如加强能源统计监测、完善能源价格机制、加强能源安全管理等，以提高能源管理水平，促进能源低碳化。

3. 交通低碳化

交通低碳化是指在交通运输过程中，通过技术创新、政策引导等手段，降低交通运输过程中的碳排放强度，实现交通运输业的可持续发展。

第一，推广低碳出行方式。中国政府积极推广低碳出行方式，如推广公共交通、鼓励自行车和步行等，以降低交通运输过程中的碳排放强度。

第二，发展新能源汽车。中国新能源汽车产业发展迅速，已成为全球最大的新能源汽车市场。

第三，加强交通运输管理。中国政府加强交通运输管理，出台了一系列政策措施，如加强交通运输规划、提高交通运输效率、加强交通运输安全等，以促进交通运输业的低碳化。

4. 建筑低碳化

建筑低碳化是指在建筑过程中，通过技术创新、政策引导等手段，降低建筑过程中的碳排放强度，实现建筑业的可持续发展。

第一，推广节能建筑。中国政府积极推广节能建筑，如推广绿色建筑、提高建筑节能标准等，以降低建筑过程中的碳排放强度。

第二，发展低碳建筑材料。中国政府重视低碳建筑材料的研究和推广，如发展竹建筑、木结构建筑等，以降低建筑过程中的碳排放强度。

第三，加强建筑节能管理。中国政府加强建筑节能管理，出台了一系列政策措施，如加强建筑节能统计监测、完善建筑节能标准、加强建筑节能技术研究等，以促进建筑低碳化。

5. 农业低碳化

农业低碳化是指在农业生产过程中，通过技术创新、政策引导等手段，降低农业生产过程中的碳排放强度，实现农业的可持续发展。农业低碳化是实现低碳经济的重要途径，对降低碳排放、保障国家粮食安全具有重要意义。

第一，推广低碳农业技术。中国政府积极推广低碳农业技术，如推广有机农业、生态农业等，以降低农业生产过程中的碳排放强度。

第二，发展循环农业。中国政府重视循环农业的发展，如推广农业废弃物资源化利用、加强农业生态环境保护等，以促进农业低碳化。

第三，加强农业节能管理。中国政府加强农业节能管理，出台了一系列政策措施，如加强农业统计监测、完善农业节能标准、加强农业节能技术研究等，以促进农业低碳化。

6. 工业低碳化

工业低碳化是指在工业生产过程中，通过技术创新、政策引导等手段，降低工业过程中的碳排放强度，实现工业的可持续发展。

第一，推广低碳工艺。中国政府积极推广低碳工艺，如推广清洁生产、提高工业生产过程中的能源利用效率等，以降低工业生产过程中的碳排放强度。

第二，发展循环经济。中国政府重视循环经济的发展，如推广工业废弃物资源化利用、加强工业生态环境保护等，以促进工业低碳化。

第三，加强工业节能管理。中国政府加强工业节能管理，出台了一系列政策措施，如加强工业统计监测、完善工业节能标准、加强工业节能技术研究等，以促进工业低碳化。

7. 服务低碳化

服务低碳化是指在服务业发展过程中，通过技术创新、政策引导等手段，降低服务业过程中的碳排放强度，实现服务业的可持续发展。

第一，推广低碳服务。中国政府积极推广低碳服务，如推广绿色旅游、低碳餐饮等，以降低服务业发展过程中的碳排放强度。

第二，发展循环经济。中国政府重视循环经济在服务业的应用，如推广酒店废弃物资源化利用、加强服务业生态环境保护等，以促进服务业低碳化。

第三，加强服务业节能管理。中国政府加强服务业节能管理，出台了一系列政策措施，如加强服务业统计监测、完善服务业节能标准、加强服务业节能技术研究等，以促进服务业低碳化。

二、低碳经济的创新发展

（一）低碳经济与中国经济发展模式转型的策略

第一，改造传统行业，提倡节能减排是实现低碳经济发展的重要手段。传统产业是低碳经济的重要组成部分，其节能减排工作是否高效直接关系到中国低碳经济建设的成败。因此，要对传统产业进行技术改造，提高能源利用效率，降低能源消耗，从而减少温室气体排放。同时，鼓励企业加大节能减排力度，引导消费者绿色消费，形成低碳生活方式。在这方面，中国已经取得显著的成效。比如，在电力行业，中国已经大力推进清洁能源替代，降低化石能源的使用量；在工业领域，中国已经推广应用很多节能减排技术，如余热回收、节能灯具等。

第二，经济发展模式的理念转变是低碳经济发展的关键。从以往的高速增长模式转变为以绿色、低碳为导向的新型发展模式，强调绿色GDP、绿色投资和绿色消费等概念，以实现经济、社会和环境的可持续发展。在这方面，中国已经提出绿色发展理念，强调经济发展要与生态环境保护相协调，推动绿色产业的发展，鼓励企业进行绿色转型。

第三，发展特色产业和新兴产业是低碳经济的重要组成部分，具有节能减排、低碳循环等特点。中国应加大对特色产业和新兴产业的支持力度，鼓励企业加大研发投入，提高技术创新能力，培育新的经济增长点。在这方面，中国已经形成以新能源、节能环保、生物医药等为代表的一大批特色产业，这些产业的发展不仅有助于推动低碳经济的发展，也有助于提高中国的产业竞争力。

第四，大力应用新能源是低碳经济的重要载体，具有无污染、低能耗等特点。中国应加大对新能源产业的政策扶持力度，推动能源结构调整，提高新能源在能源消费中的比重。在这方面，中国已经建立较为完善的太阳能、风能等新能源产业体系,新能源在能源消费中的比重逐年提高。

第五,积极优化调整并构建低碳能源结构体系是实现低碳经济目标的关键。中国应加大对低碳能源技术的研究和开发力度,提高能源利用效率,降低能源消耗,优化能源结构,实现低碳经济目标。在这方面,中国已经取得一些重要的突破,如在核能、生物质能等领域的技术研发已达到较高水平。

第六,建设低碳技术体系,强化科技创新。发展低碳经济务必依靠强有力的技术支撑,必须提高技术创新和科技创新,以创新科技推动全产业链发展和创新。构建低碳技术体系管理,务必锲而不舍地科学规范发展,大力开展低碳技术新产品开发,此外推动全产业链向低碳经济转型发展,提高社会经济发展水平。提高科技创新,必须一直坚持绿色发展方式,推动低碳技术快速发展,变更为低碳产业结构,变更传统经济发展活动和习惯。尖端技术要重点塑造耗能低的创新科学技术全产业链,建立地域低碳经济发展管理体系,运用远近结合、合作共赢的发展方式,以低碳技术引领产业发展,从而促进低碳产业结构优化完善和快速更新。

(二) 中国低碳经济协同效率提升策略

第一,强化顶层设计,推动低碳经济协同效率提升。低碳经济协同效率的提升是实现"双碳"目标和经济高质量发展的关键途径,各级政府需进一步优化顶层设计,并确保其顺利实施。具体而言,中央政府应秉持"全国一盘棋"的理念,紧密围绕"双碳"目标和低碳经济协同发展目标,深化市场经济体制改革,构建全国统一的要素市场,并增强关联政策的协调性,旨在实现各地区经济增长与节能降碳的平稳协同发展。同时,地方政府应立足本地区低碳经济及其协同效率的现状,针对"滞增"问题,制定精准的协同效率提升策略,并结合地区资源禀赋、产业结构及经济发展阶段的差异,构建符合实际需求的政策体系,以促进低碳经济的高质量发展及其协同效率的提升。

第二,树立"区域标杆",缩小低碳经济协同效率差异。除西北地区外,其余区域均存在低碳经济表现优异的城市。因此,可从中选取"区域标杆",发挥其在低碳经济发展方面的示范引领作用。通过借鉴标杆城市的成功经验,结合地区内城市间的地缘相近性优势,推动节能降碳的联防联治,进而全面提升区域内部城市的低碳经济协同效率。政府可通过财政政策和税收补贴等手段,鼓励标杆城市分享发展经验,并探索建立标杆城市与低效率城市的对口帮扶机制,以行政目标和经济激励相结合的方式,促进区域整体低碳经济协同效率的提升。

第三,针对"滞增"问题精准施策,提升西北地区低碳经济发展效率。西北地区在低碳经济协同效率方面表现不佳,且长期无显著增长。针对这一问题,需从内源和外源两方面入手。在内源方面,应优化土地利用方式,提高土地有效利用率;同时,加大政府转移支付和投融资力度,支持经济清洁高效、绿色低碳发展。在外源方面,应优化政府干预方式,提升政府治理能力与体系现代化水平,并推动产业结构高级化、合理化,以促进低碳经济协同效率的提升。

第四,加强区域合作,推动绿色低碳经济共同发展。区域合作是解决中国东西部经济发展不平衡问题的重要战略。在低碳经济领域,应借鉴区域合作的成功经验,通过东西部合作和地区市场一体化建设,提升中西部地区低碳经济协同效率。具体而言,应扩大经济帮扶范围,将低碳发展和节能降碳纳入帮扶内容;构建东西部低碳发展及节能降碳区域合作新样本和新体系;建立和完善东西部低碳经济和节能降碳协作体系的评价机制,并将其纳入地区低碳经济发展评价体系,以调动西部地区与东部地区在低碳发展和节能减排方面的合作积极性和主动性。

(三) 京津冀城市群低碳经济与高质量发展的高效协同策略

随着科技的进步、经济的发展,中国正面临着全球生态问题频发和资源环境约束日益加剧的严峻挑战。为应对这一形势,中国政府在2020年明确提出"双碳"目标,并将其确立为应对气候变化的国家战略。作为中国经济的重要增长极,京津冀城市群在实现"双碳"目标及促进经济社会绿色发展转型中扮演着关键角色,因此备受关注。为实现京津冀城市群低碳经济与高质量发展的高效协同,需采取以下策略:

第一,多措并举,缩小高质量发展与低碳经济之间的差距。这包括大力实施创新驱动发展战略,加大科技创新与人才培养投入,使科技创新成为推动高质量发展的核心动力。同时,应充分发挥北京科教资源的优势,建设世界级的科创中心，促进区域技术成果的转化应用，提升区域创新能级。此外，还应深入推进投融资、财税、土地和能源等体制机制改革，形成要素资源合理有效配置的良性局面，增强经济发展新动能。在合理规划城市空间、发展适宜产业的同时，也应注重提升资源利用效率，实现生态环境保护和经济社会发展的良性互动。

第二，补齐短板，增强低碳经济与高质量发展的协同互促效应。一方面，要提升低碳经济对高质量发展的带动作用，大力发展低碳产业，培育节能环保、新能源等战略性新兴产业，形成低碳经济新的增长点。同时，推广先进适用的低碳技术，建设绿色低碳的交通和城市，为高质量发展提供良好的生态环境条件。另一方面，应增强高质量发展对低碳发展的引领作用，加强技术创新与管理创新，推动绿色低碳消费，扩大低碳产品和服务的市场需求。此外，还应构建区域低碳发展的利益共享机制，形成合力，推动低碳经济与高质量发展的良性循环和共生发展。

第三，因地制宜，推动高质量协同发展。这包括积极推进产业结构优化升级，培育经济新动能，发展高新技术产业、现代服务业等，增强经济发展内生动力；优化资源利用效率，推进能源结构调整，发展清洁能源，加强循环经济和资源合理利用，实现绿色发展；加大科研投入力度，强化科技成果转化，使之成为引领高质量发展的核心动力。同时，应充分发挥各地区的比较优势，实现优势互补，如北京以科技创新为引领，天津以经济结构优化为带动，河北以资源利用和环境保护为重点。此外，还应构建区域协调发展机制，促进各地资源优化配置，实现协同增效。

第二节　循环经济的崛起与创新发展

循环经济是一种以资源的高效利用和环境的可持续发展为目标的经济模式。它强调在生产、流通和消费等各个环节中，通过减少资源的消耗和废弃物的排放，实现资源的再利用和价值的最大化。循环经济不是简单的"回收再利用"，而是一种以生态经济为基础、以可持续发展为目标的经济模式。

一、循环经济的崛起

(一) 循环经济的内涵

第一,资源的高效利用。循环经济的核心是资源的高效利用。在生产环节中,通过提高生产效率和降低能源消耗,减少资源的浪费和消耗。在流通环节中,通过物流的优化和供应链的管理,减少物流成本和资源浪费。在消费环节中,通过减少浪费和过度消费,促进资源的再利用和价值的最大化。

第二,废弃物的减量化。循环经济强调减少废弃物的产生和排放。在生产环节中,通过减少原材料的浪费和废弃物的排放,实现资源的再利用和环境的可持续发展。在流通环节中,通过物流的优化和包装的合理化,减少废弃物的产生和排放。

第三,生态经济的基础。循环经济是以生态经济为基础的经济模式。生态经济强调自然和经济的和谐发展,倡导人类与自然共同发展。循环经济强调资源的高效利用和环境的可持续发展,符合生态经济的理念。

第四,可持续发展的目标。循环经济是以可持续发展为目标的经济模式。可持续发展强调经济、社会和环境的协调发展,倡导人类与自然共同发展。

(二) 循环经济的发展阶段

循环经济作为一种新型的经济发展模式,其发展历程与全球资源短缺和环境污染问题密切相关。循环经济以"减量化、再利用、资源化"为原则,旨在通过优化资源配置和提高资源利用效率,实现经济社会的可持续发展。

循环经济的概念最早可以追溯到20世纪60年代,当时国际社会开始关注资源短缺和环境污染问题,并提出一系列应对措施。进入21世纪,随着全球资源短缺和环境污染问题的日益严重,循环经济逐渐成为全球关注的焦点。德国于1996年颁布了《循环经济与废弃物管理法》,标志着循环经济在法律层面的正式确立。

循环经济的发展历程大致可以分为三个阶段:

第一阶段是理论探索期，主要集中在学术界和研究机构。这一时期，学者们对循环经济的概念、原则、方法等进行了深入研究和探讨，为循环经济的实践提供理论基础。

第二阶段是试点示范期，此时循环经济开始在一些国家和地区得到试点和推广。这些国家和地区通过制定相关政策、建立循环经济产业园区等方式，推动循环经济的发展。例如，日本通过制定《建立循环型社会基本法》等法律法规，建立完善的循环经济体系；丹麦则通过推行垃圾分类和回收制度，实现了垃圾的资源化利用。

第三阶段是全面推广期，循环经济开始在全球范围内得到广泛推广和实践。各国政府纷纷制定相关政策措施，推动循环经济的发展。中国作为全球最大的发展中国家之一，也积极响应循环经济的号召，制定一系列政策措施，如推广循环经济产业园区、加强资源循环利用等。

在循环经济的发展过程中，政策支持和公众参与发挥了重要作用。政策支持为循环经济的发展提供了制度保障和政策支持；公众参与则提高了人们对循环经济的认识和参与度，推动循环经济的深入发展。未来，随着全球资源短缺和环境污染问题的进一步加剧，循环经济将继续发挥重要作用，引领全球经济的可持续发展。

(三) 循环经济的发展原则

1. 减量化原则

减量化原则是循环经济中的首要原则，也是最基本的原则。它的核心思想是在生产过程中减少资源的消耗和废弃物的产生，减少对环境的负面影响。

(1) 优化产品设计。通过改进产品设计，使其更加耐用、易于维修和升级，从而延长产品的使用寿命，减少资源的消耗和废弃物的产生。

(2) 减少过度包装。过度包装不仅浪费资源，还会增加废弃物的产生。因此，减少过度包装是减量化原则的重要体现。

(3) 提高资源利用率。通过提高生产效率和能源利用效率，减少资源的浪费，实现资源的最大化利用。

（4）引导消费者行为。通过教育和宣传，引导消费者选择环保、节能、低碳、可持续的产品和服务，减少不必要的消费和浪费。

2. 再利用原则

再利用原则强调的是资源的重复利用，即在产品生命周期结束后，将其作为原材料或零部件重新投入生产过程中，以减少对新资源的需求。

（1）建立回收体系。通过建立完善的回收体系，将废弃物进行分类、收集和处理，使其重新进入生产流程。

（2）发展再制造产业。再制造是指将废旧产品进行拆卸、清洗、检测、更换零部件和再组装，使其恢复到新产品状态。发展再制造产业可以提高资源的利用率。

（3）促进二手市场的发展。通过鼓励消费者购买和使用二手产品，延长产品的使用寿命，减少对新资源的需求。

（4）支持租赁和共享经济。租赁和共享经济模式可以减少产品的购买和废弃，实现资源的最大化利用。

3. 再循环原则

再循环原则是指将废弃物进行资源化处理，使其成为新的资源，重新投入生产过程中。

（1）发展再生资源产业。再生资源产业是指将废弃物进行资源化处理，生产出新的产品。发展再生资源产业可以实现对资源的循环利用。

（2）推广环保材料。使用环保材料可以减少废弃物的产生，同时提高废弃物的回收利用率。

（3）提高废弃物处理技术。通过提高废弃物处理技术，实现对废弃物的资源化、无害化处理，减少对环境的污染。

（4）完善政策法规。政府应制定相应的政策法规，鼓励企业采用循环经济模式，同时对废弃物处理进行监管，确保循环经济政策的有效实施。

（四）发展循环经济的意义

第一，资源保护和环境改善。循环经济通过减少资源的消耗和废弃物的产生，实现对资源的保护和环境的改善。在循环经济模式下，产品被设计得更耐用、易于维修和升级，从而延长产品的使用寿命，减少对新资源的需求。同时，循环经济鼓励对废弃物进行回收和资源化处理，减少对环境的污染和破坏。这种资源保护和环境改善的意义不仅体现在当前，更为后代留下一个更加美好的世界。

第二，经济效益的提升。循环经济可以带来显著的经济效益。首先，循环经济通过提高资源的利用率，减少资源的采购成本。其次，循环经济鼓励企业开发新的环保产品和服务，开拓新的市场，创造新的商机。最后，循环经济还可以降低企业的环境风险和合规成本，提高企业的社会形象和声誉。这些经济效益的提升有助于促进企业的可持续发展。

第三，促进创新和技术进步。循环经济鼓励企业采用新技术、新工艺、新材料，以实现资源的最大化利用和减少废弃物的产生。这种创新和技术进步不仅体现在生产过程中，还体现在产品的设计、包装、物流等各个环节。循环经济推动企业不断寻求新的解决方案，以满足资源利用和环境友好的要求。这种创新和技术进步的意义不仅体现在经济领域，更为社会的可持续发展提供重要的支持。

第四，推动社会和文化的变革。循环经济倡导的是一种新的消费观念和生活方式，即从过度消费和浪费资源转向节约资源和循环利用。这种观念和生活方式的变革有助于提高公众的环保意识和参与度，推动社会形成节约资源和保护环境的良好氛围。循环经济还鼓励公众选择环保、节能、低碳、可持续的产品和服务，从而推动市场向更可持续的方向发展。这种社会和文化的变革对于实现可持续发展具有重要的意义。

第五，政策法规的支持和推动。循环经济的实施需要政府、企业和公众的共同努力，其中政府的作用至关重要。这种政策法规的支持和推动有助于形成循环经济发展的良好环境，推动循环经济在更广泛的范围内得到应用。

二、循环经济发展的新要求

循环经济的理念是在全球人口剧增、资源短缺、环境污染和生态蜕变的严峻形势下，人类重新认识自然界、尊重客观规律、探索新经济规律的产物。循环经济作为一种科学的发展观、一种全新的经济发展模式，具有自身的独立特征。循环经济发展的新要求如下：

第一，新的系统观。循环是指在一定系统内的运动过程，循环经济的系统是由人、自然资源和科学技术等要素构成的大系统。循环经济要求人将自己作为这个大系统的一部分来研究符合客观规律的经济原则，将"退山还湖""退耕还林""退牧还草"等生态系统建设作为维持大系统可持续发展的基础工作来抓。

第二，新的经济观。在传统工业经济的各要素中，资本在循环，劳动力在循环，而唯独自然资源没有形成循环。循环经济观要求运用生态学规律，不仅要考虑工程承载能力，还要考虑生态承载能力。在生态系统中，经济活动超过资源承载能力的循环是恶性循环，会造成生态系统退化；只有在资源承载能力之内的良性循环，才能使生态系统平衡发展。循环经济是中国推进产业升级、转变经济发展方式的重要力量，同时也是中国实现节能减排目标的重要手段之一。

第三，新的价值观。循环经济的新价值观包括：尊重自然、可持续性、资源高效利用、生产和消费模式转变、社会公平和环境责任。循环经济强调对自然的尊重和保护，减少对自然的破坏，恢复和保护自然环境。同时追求可持续性发展，平衡经济增长、社会发展和环境保护。强调对资源的有效利用和节约使用，减少浪费和损失。倡导生产和消费模式的转变，从传统的线性经济模式向循环经济模式转变。强调社会公平和环境责任，对自己的行为对环境的影响负责，减少对环境的负面影响。同时还强调社会公平，每个人都应该享有平等的机会和资源。

第四，新的生产观。传统工业经济的生产观念是最大限度地开发利用自然资源，最大限度地创造社会财富，最大限度地获取利润。而循环经济的生产观念是要充分考虑自然生态系统的承载能力，尽可能地节约自然资源，不断提高自然资源的利用效率，循环使用资源，创造良性的社会财富。在生产过程中，要求尽可能地利用可循环再生的资源替代不可再生资源，如利用太阳能、风能和沼气等，使生产合理地依托在自然生态循环之上；尽可能地利用高科技，尽可能地以知识投入来替代物质投入，以达到经济、社会与生态的和谐统一，使人类在良好的环境中生产和生活，真正全面提高人民的生活质量。

第五，新的消费观。循环经济观要求走出传统工业经济"拼命生产、拼命消费"的误区，提倡物质的适度消费、层次消费，在消费的同时就考虑到废弃物的资源化，建立循环生产和消费的观念。同时，循环经济观要求通过税收和行政等手段，限制以不可再生资源为原料的一次性产品的生产与消费，如宾馆的一次性用品、餐馆的一次性餐具以及豪华包装等。

三、循环经济管理体制及完善

（一）循环经济管理体制的内容

循环经济管理体制的内容包括各种经济管理机构的设置及它们之间相互依存的关系，各管理机构权责的划分、运行方式以及权限和职责之间的关系。

循环经济管理机构是循环经济管理的组织形式与组织保障，其职责权限涵盖职能形式与功能保障，循环经济的运作模式，体现在组织和动态相结合及相互反应功能的形式里。

循环经济管理体制，在概念名称上被赋予了不同的称号，如循环经济行政管理体制、循环经济监督管理体制，这些都是对循环经济管理体制的称谓。它们有着基本一致的内涵，并没有太大的差异性，其多种称谓的原因，与学者们日常不同的使用习惯有极大的关系。

（二）循环经济管理体制的完善策略

1. 实现循环经济的减量化、再利用、再循环

循环经济发展模式具有循环往复流动性，能实现合理持续利用所有资源和能量，达到开采低标准、利用高效率、排放低标准的目标，属于最佳的经济发展模式。减量化、再利用以及再循环发展循环经济原则是对循环经济法律制度进行完善的必要手段。

实施循环经济能够更合理持久地利用资源和能源，该原则中所包含的每一个原则都很重要，而且三者相互联系，相辅相成，任何一个原则都不可或缺。减量化是循环经济的输入端，是实现源头控制的体现；再利用体现在循环经济过程

中，目的是让产品从使用上达到周期和强度的延长；再循环是被运用到循环经济的输出端，目的是把废弃物变为资源，达到再生利用资源的效果。三个原则属于有机整体，具有一定的顺序性，不能更替。

2. 建立健全循环经济管理体制法律法规

中国社会经济的可持续发展，需要循环经济法来实现环境保护。循环经济作为经济发展的新模式，具有双向流动性，可以采用科学的手段合理开发和利用资源，提高资源的利用率。循环经济可以保证资源的循环利用，实现对资源开采的有效控制，把废弃资源转变为新的能源再次利用，实现资源的再生利用。

目前，中国的经济体制是社会主义的市场经济体制，有必要建立循环经济管理体制。循环经济法的建立和完善，是有效保护资源的合法手段。政府提高对循环经济的正确认识，是完善循环经济管理体制的关键，保护环境能源，促进经济的可持续发展。循环经济法的建立能推动循环经济的发展，提高资源的利用效率，实现社会经济和谐发展。在中国特色市场经济发展过程中，提高对循环经济发展的认识，完善循环经济法律制度，促进社会经济的可持续发展。

3. 设立综合管理的协调机构

（1）明确协调机构的性质以及机构设置。成立循环经济发展综合领导小组，明确协调机构的性质以及机构设置。通过立法成立循环经济发展综合领导小组作为综合管理协调部门，其性质属于组织、管理、协调机构。组建循环经济发展综合领导小组，意在组织协调各管理主体之间应当履行的义务。

成立循环经济发展综合领导小组作为管理协调机构后，在立法上要细化机构的具体设置就显得很重要。在此，可以由县级以上地方政府为基本单位，政府分管循环经济促进的副职领导单位管理协调机构组长。小组的成员单位，可由发改委、环保局、科技局、工信委等部门组成，各部门的主要负责人为小组成员。小组内设置小组办公室，可设在几个成员单位，负责小组内部日常工作事务，小组定期组织成员单位召开联席工作会议，充分加强各部门之间的管理协作。

通过完善立法，明确循环经济管理职能分配。在某种程度上，循环经济管理体制内职能的重新分配和理顺，被蕴含在循环经济管理体制立法完善思路之中。在中国法律框架内，无论是中央还是地方，循环经济的管理体制的立法都应该合理地界定下来。目前中国法律上，没有确切地划分中央和地方的循环经济管理职责权限和职能分配，这必然会造成很多问题，如会导致循环经济管理缺少相应职位或者职能相同造成管理混乱，再或者地方管理部门越权行使职能。长此以往，中央的宏观调控能力必然会削弱，地方管理职能部门的作用也不能完全发挥。

所以，在立法上确立职能分配，要体现出三点来：一是科学划分各阶层政府及相关职能部门的权限及职责；二是将其管理权限、职责规范化，以制度的形式体现出来；三是运用立法加以巩固，使职责分配更加清晰明朗。在管理上，应该清醒地认识到，中央政府的能力是有限度的，主要体现在地方政府及部门上，地方管理部门积极发挥主动性，就会不断提高循环经济管理的效率，避免管理中失位或越位等情况。由立法确立循环经济管理应由中央政府管理的事务有宏观事项和微观事项。宏观事项包括涉及循环经济的全国整体规划、计划的审查，全国的经济发展、生态保护、资源利用规划、计划的制订与监督，关于省际循环经济规划和计划的协调和促进其相互的合作，还包括循环经济法律、法规、规章和各种标准、名录的起草或制订等。

通过立法将中央和地方循环经济管理职能进行划分，是最明智的选择。中国循环经济管理体制立法完善中应该改变管理因素相分离的现状，将资源和环境互相渗透的部分捋顺清楚，把各自部门内部属于对方的一部分明确管理主体，具体分配到各自管辖部门中。在循环经济管理横向职能划分时，要清楚了解统管和分管部门的关系。循环经济统管部门的管理行为是具有监管职能的，它在整个循环经济管理中占主导地位，其职能属性具有跨系统、全局性，是政府对循环经济工作开展的统一监督管理工作。而分管部门的监督管理不具有全局性，其性质属于单项监督管理行为，多数时候是配合统管部门进行工作，具有良好的配合性和补充性等特征。所以，确立统管部门和分管部门的关系，可以更好地为发展循环经济服务。

（2）提高循环经济管理机构法律地位。

从某种程度上来讲，循环经济管理体制立法完善就是对循环经济管理机构关系立法完善，循环经济管理体制要顺利运行，国家要实现循环经济管理职能，健全的机构及合理的职能分配是不可或缺的。

就中国循环经济管理来说,相关职能部门法律地位的提高,将是对循环经济发展中出现的问题有效的解决。目前,可以解决的是循环经济管理在制定政策、协调相关机构以及规划落实等方面的问题。比如,提升生态环境部的法律地位,将其定位为国务院职能部门,这样,其权力的集中对发展循环经济产生的效益是明显的。

循环经济管理体制的构建无须按照层级口对口设置,应该从各个地方的实际出发,在管理上要遵循科学性原则这个构建上的基本原则。在行使循环经济管理职能上,应该运用生态系统的管理方式,将循环经济管理体制构建成区域型模式。再在立法上将区域型循环经济管理体制的职能和地位加以界定,使区域性循环经济管理机构脱离政府的限制,直接隶属于国家循环经济管理领导小组,成为国家循环经济管理领导小组的派出单位,比地方政府的循环经济管理部门地位要高。在建立区域性循环经济管理体制后,为加强循环经济监管的整体性和协调性,应逐步确立各职能部门的分工协作。

(3) 健全投入机制和监督机制。

第一,各级人民政府的职责之一就是促进循环经济良好发展,在本级财政支出中加入循环经济投入资金,并且要提高重视,逐年增加资金投入。要通过立法引导社会资金参与城乡环境保护、开发新能源和有关工作的投入,完善政府、企业、社会多元化循环经济投融资机制。除了资金投入,在循环经济发展中,还应该在管理中注重取得更多的人力、技术和设备上的支持。政府管理长期处于短期行为,与国家整体和长期发展循环经济的原则是相背离的。因此,扩充循环经济管理工作的人员编制应当成为目前行政机构改革的一个目标。另外,循环经济发展也要重视硬件建设,在财政预算中加大对地方循环经济管理部门的投入,改善循环经济管理手段落后的局面,保证在现代、科学的管理中有先进的仪器和设备做支撑。唯有如此,循环经济管理的效能,才能充分地体现出来。

第二,健全监督机制,完善公众参与制度。各国经过实践证明,促进循环经济发展的途径众多,公众的广泛参与在此显得尤为重要。世界各国应开展各种形式的宣传教育活动,提升公众对循环经济的关注度,让循环经济的思想真正深入人心,不断改善公众的原始生活方式,尤其重要的是,通过立法,保障公众的参与权，促使公众乐于参加到循环经济发展中来，不断拓宽公众对政府循环经济管理手段的监督路径。推动循环经济的发展，当务之急就是要完善行之有效的循环经济发展监督管理手段，因此，公众监督参与制度是监督政府实施循环经济管理的重要方式。

第三，确立循环经济责任追究机制。

政府循环经济管理责任的落实，重心就在于通过立法完善循环经济管理责任追究机制，但是，循环经济中的人口、资源、环境、经济等因素相互关联，交错复杂，解决的办法唯有运用综合性的协调机制。现在中国循环经济管理责任追究机制还有许多缺陷，比如追究责任上的随意和主观意志，这些都需要健全、完善循环经济管理责任追究机制。

一是，不断寻求循环经济管理责任追究方式。对于重大决策，可以建立循环经济管理决策终身责任制，以立法形式加以确立，并且每一起重大决策都要建档封存，政府决策者对其做出的决定终身负责，如果政府管理者在行政决策中有失职行为或者存在重大失误，无论何时何地，只要决策的领导存在于社会之中，都必须依法追究其行为责任。

二是，明确责任主体追究范围。政府循环经济管理者的责任追究，在立法中不仅包括其放纵、包庇可持续发展的违法、犯罪行为，还包括对重大决策的严重失误行为，以上行为都会致使区域发展循环经济之路呈倒退趋势。这里所说的循环经济管理者包含了政府及相关部门负责人，还包括政府内部直接执法人员，无论是何职位、在哪里任职，其行为足以达到责任追究的临界，就必须依法追究其责任。

三是，不断健全行政补偿责任制度。在民主政治体制下，政府并非超越于社会其他主体，享有某种特权的组织或实体。政府是社会和公共活动的管理者、公共利益的保护者、群众意志的代表者。在法律关系上，其既具有权利能力，又具有行为能力，是权利义务相统一的特殊主体。发展循环经济是政府的责任，不容推卸，生态环境保护项目最大的风险之一是不能使当地居民受益。所以，在社会公众的合法权益受到政府行政行为的不法损害时，政府应当承担起相应的补偿责任。中国要建立、完善政府行政补偿责任机制，通过制定和完善行政法规、规则、条例等补偿机制，促使公民、法人及其他组织的合法权益得到有效保障。

四是，经济、环境和社会效益的有机统一。它强调在经济发展过程中注重资源的高效利用与生态环境的保护，推动形成资源节约型、环境友好型社会，实现经济社会与生态环境的和谐共生与可持续发展。作为一种新型的经济形态，循环经济为现代社会的可持续发展提供重要支撑与保障。

四、循环经济的创新策略

第一，通过源头绿色设计和避免浪费实现减排。源头绿色设计是指在产品设计阶段就考虑到产品的整个生命周期，包括原材料的选择、产品的制造、使用和处置等环节，以降低产品的碳排放和环境污染。绿色设计，可以减少生产过程中的能源消耗和污染物排放，提高产品的能效和环保性能。同时，避免浪费也是实现减排的重要途径。中国政府已经出台了一系列政策，鼓励企业减少浪费，提高资源利用效率。

第二，通过优化产品生产、工艺流程或系统实现减排。优化产品生产和工艺流程是实现减排的重要手段。改进生产工艺和设备，可以降低生产过程中的能源消耗和污染物排放。此外，优化产品设计，提高产品的能效和环保性能，也是减排的重要途径。例如，电动汽车、太阳能热水器等产品的普及，可以有效降低碳排放。

第三，通过能源利用效率提升与清洁燃料替代实现减排。能源利用效率的提升是实现减排的重要途径。提高能源利用效率，可以降低能源消耗，减少碳排放。同时，替代传统化石能源，使用清洁能源，如太阳能、风能等，也是减排的重要手段。中国政府已经出台了一系列政策，鼓励企业使用清洁能源，降低碳排放。

第四，利用废弃物或可再生材料替代原生材料实现减排。废弃物的再利用，可以减少资源的消耗，降低碳排放。同时，可再生材料替代原生材料，可以降低资源的消耗，减少碳排放。例如，生物降解塑料的普及，可以有效降低碳排放。

第五，通过产品使用与服务系统创新实现减排。产品使用与服务系统的创新是实现减排的重要途径。创新产品使用与服务系统，可以提高产品能效和环保性能,降低碳排放。例如,共享经济的普及,可以有效降低碳排放。

第六,通过分级分类处置消费后废弃物实现减排。消费后废弃物的分级分类处置是实现减排的重要途径。分级分类处置消费后废弃物,可减少废弃物的数量,降低碳排放。例如,垃圾分类的普及,可以有效降低碳排放。

第三节 共享经济的崛起与创新发展

一、共享经济的崛起

(一) 共享经济的内涵

共享经济是一种全新的经济形态,它将传统经济中的私有制和市场经济转变为公有制和合作经济。共享经济的核心理念是"共享",即通过将闲置的资源或能力与他人分享,实现资源的优化配置和效率最大化。共享经济不仅可以提高资源的利用效率,还可以促进社会公平和可持续发展。共享经济的概念可以追溯到20世纪80年代,当时一些计算机科学家和企业家开始探索如何将计算机网络与共享经济相结合。随着互联网技术的不断发展和普及,共享经济逐渐成为一种主流的经济形态。共享经济的内涵主要包括三个方面:

第一,共享平台。共享平台是共享经济的基础,它为用户提供了一个方便、快捷、安全的交易和交流平台。共享平台可以通过多种方式实现资源的共享,如通过网站、应用程序、社交媒体等渠道。共享平台可以为用户提供各种服务和体验,如住宿、餐饮、旅游、娱乐等,从而提高人们的生活质量。

第二,共享资源。共享资源是共享经济的核心,它包括房屋、汽车、工具、技能、知识等各种资源。用户可以通过共享平台将自己的资源与他人分享,从而获得收益。

第三,共享价值。共享价值是共享经济的目的,它旨在通过共享资源来创造社会价值。

（二）共享经济的发展历程

共享经济作为一种新兴的经济形态，其发展历程与现状备受关注。共享经济模式起源于 20 世纪 70 年代的美国，最初是作为资源的有效利用和减少浪费的一种尝试而出现的。随着互联网技术的发展，共享经济逐渐演变为一种广泛应用于各个领域的经济模式。共享经济的发展历程可以分为三个阶段：

第一阶段：1970 年至 2008 年。这一阶段的共享经济主要是基于物品共享，如汽车共享、工具共享等。随着互联网技术的发展，共享经济开始进入第二阶段。

第二阶段：2008 年至 2014 年。这一阶段的共享经济主要是基于服务共享，如在线教育、房屋共享等。这一阶段的共享经济开始呈现出快速发展的态势，吸引越来越多的企业和投资者关注。

第三阶段：2014 年至今。这一阶段的共享经济主要是基于平台共享，如电商平台、共享办公空间等。这一阶段的共享经济开始向全球范围内扩展，并逐渐成为一种主流的经济形态。

总之，全球共享经济市场规模在近年来呈现出快速增长的趋势，共享经济模式已经从最初的物品共享和服务共享，拓展到知识共享、技能共享、信息共享等多个领域。共享经济作为一种新兴的经济形态，其发展对于经济增长具有重要的推动作用。尤其是在当前全球经济面临挑战的背景下，共享经济的发展对于提振经济信心、推动经济高质量发展具有重要意义。随着共享经济的快速发展，政策制定者面临着如何规范和引导共享经济发展的挑战。如何在保障共享经济快速发展的同时，防止其潜在风险的产生，成为政策制定者关注的焦点。

（三）共享经济带来的影响

第一，共享经济推动互联网技术的发展和应用。充分利用互联网等现代信息技术是共享经济的一个特点。互联网等现代信息技术既是共享经济的推动力，也是持续发展的基础。信息技术和网络社会的普及为人类生活带来极大的便利，同时伴随着生活方式的创新，网络支付方式和基于云端的网络搜索、识别核实、移动定位等网络技术的流行，让跨时间跨空间的交流变成了可能，也降低了人们进行共享的交易成本。物联网的分布式、协同式特点和横向规模结构，使数以百万计的人们聚集在巨大的协同共享体系中共同生产并分享其成果成为可能。发达的现代信息技术为共享经济的发展提供了基础，反过来，共享经济进一步推动互联网技术的发展和应用。

第二，共享经济让闲置资源得到充分利用。强化使用权、弱化所有权是共享经济的特点。共享经济的一个重要特征就是改变了人们对传统消费观念的认知，强调消费的过程而非拥有过程。以使用权替代所有权，如共享单车等，可以不需要拥有但能获得这辆车某一时段的使用权。从某种意义上讲，在某个时间段内对于物品的使用和体验，比一直占有部分时间闲置更有价值。另一方面，从消费者对于共享经济模式的接受程度来看，关注使用权的消费方式可以极大地节约成本。

第三，共享经济助力公平市场机制的建立。共享经济的另一个特点是轻资产形式，去中介化、分布式的商业模式运营。这种经济模式下每个个体既是产品服务的供应者，也是使用者，它省去传统商业架构中的中介环节，通过使用者和被使用者之间的直接交流和对接，极大地提升了信息对称度和沟通效率，也节约了时间和成本。去中心化、分布式的组织体系中交易双方都是平等的，能够最大限度地消除垄断和欺诈，形成公平、平等的交易市场。

第四，共享经济节约社会公共成本。供应者和消费者角色互换并出现产消者是共享经济带来的一个重要改变。在共享经济模式下，商品或服务的供应者和消费者角色转换频繁，界限模糊，这需要买卖双方都让位于产消者，即产权让位于资源共享，所有权让位于使用权，传统市场让位于互联网市场。这样可以极大地节约社会公共成本，提高资源的利用率。

第五，共享经济带来多元性革新。共享经济的一个功能是移动互联网时代对闲置物品或服务进行共享，其依托互联网、信息技术和相关平台将分散的商品或服务进行整合，让闲置资源在供需方之间实现合理流转和优化配置，进而驱动商品的组织形态、利用方式、消费方式等方面的多元性革新。这不仅便利人们的生活，缓解产能过剩现状，还为经济提供新的增长点。然而，也对现行的法律制度、政府监管、社会信用等方面提出更为严峻的挑战。不断发展和完善现有的制度及措施，才能推动共享经济健康有序发展。

二、共享经济的创新发展

共享经济能有效提高社会资源的利用率，一定程度上缓解了资源紧张局面，但共享经济的快速发展带来的问题也越来越多。只有把握共享经济发展的特征，做出顺应共享经济发展规律的战略调整，才能促进共享经济的健康持续发展。

（一）以创新驱动共享经济高效发展

第一，创新为发展基石。共享经济实现高质量发展，首先要确立创新为核心驱动力。这意味着，共享经济在发展过程中，需要不断探索创新商业模式、推动技术创新以及突破制度障碍。企业作为创新的主体，应当积极投入研发，提升技术水平，从而提高共享经济的效率和便利性。政府在此过程中应发挥引导和支持作用，为共享经济提供有利的发展环境，包括政策支持和资金投入。

第二，业态创新与技术创新双轮驱动。共享经济高质量发展离不开业态创新和技术创新的双重驱动。业态创新可以拓宽共享经济的应用领域，如共享办公、共享住宿等新兴业态的出现；技术创新则有助于提高共享经济效率，大数据、人工智能、物联网等技术的应用使得资源配置更加高效和便捷。通过双轮驱动，共享经济将实现更高效、更便捷的资源配置，满足人们多样化的需求。

第三，监管创新助力共享经济健康发展。共享经济高质量发展需要建立健全的监管体系。政府应创新监管方式，如实施负面清单制度、实行分类监管等，以适应共享经济的特性。同时，政府还需加强对共享经济平台的监管，确保平台合规经营，维护消费者权益。监管创新有助于推动共享经济朝着健康、可持续的方向发展。

第四，构建共享经济生态圈。共享经济高质量发展还需构建一个良好的生态圈。这包括推动产业链上下游企业协同发展，加强产业链互补，形成产业集聚效应；加强与传统产业的融合，促进产业升级；发挥平台企业在资源整合、技术创新、人才培养等方面的优势，形成创新驱动的产业发展格局。

第五，强化人才队伍建设。共享经济高质量发展离不开人才的支持。企业应加大对人才的培养和引进力度，提高人才队伍的创新能力和专业素养。政府则需制定相应政策，为人才提供良好的发展环境和条件，激发人才创新活力。

第六，加强国际合作与交流。共享经济高质量发展需借鉴国际先进经验，加强国际合作与交流。通过"引进来"和"走出去"的方式，推动中国共享经济商业模式、技术和管理等方面的创新，提升国际竞争力。

（二）以协调促进共享经济平衡发展

第一，生产端共享的重要性。共享经济的高质量发展需要实现生产端和消费端的平衡。当前，共享经济主要集中在消费端，如共享出行、共享住宿等。然而，未来更加关注生产端的共享，如共享工厂、共享仓储等。这样做的好处在于，它可以提高生产效率，降低生产成本，从而推动共享经济向更高品质的方向发展。

第二，认知盈余的价值转化。共享经济的高质量发展离不开社会资源的充分利用，特别是认知盈余。为了实现这一目标，搭建知识共享平台，鼓励人们分享自己的知识和技能。这样一来，认知盈余就能得到有效的价值转化，助力整个社会创新能力和竞争力的提升。

第三，农村共享经济的崛起。共享经济的高质量发展应当实现城乡共同发展。尽管当前共享经济在城市地区发展迅速，但在农村地区仍相对滞后。为了改变这一现状，政府应加大对农村共享经济的支持力度。例如，推广共享农机、共享民宿等，以促进农村经济发展，提高农民收入。

第四，政策与法规的完善。为了保障共享经济平衡发展，中国政府需要不断完善相关政策和法规。在鼓励创新的同时，也要规范市场秩序，确保共享经济的可持续发展。通过政策引导和市场调节，推动共享经济迈向高质量发展的新阶段。

第五，社会诚信体系的构建。共享经济的发展离不开社会诚信体系的支撑。我们应当加强诚信体系建设，提高人们对共享经济的信任度。这样一来，才能让共享经济更好地发挥出其潜力，为社会带来更多福祉。

（三）绿色推动共享经济可持续发展

第一，推进绿色生产经营。共享经济的高质量发展，离不开绿色发展的支撑。在这个过程中，企业作为生产主体，应当承担起绿色发展的责任。企业应积极采用绿色生产技术，提高资源利用效率，降低环境污染。这不仅有助于提高企业的经济效益，也能为企业树立良好的社会形象，赢得消费者的信任和支持。政府在此过程中应发挥引导和激励作用，通过政策扶持、税收优惠等手段，鼓励企业进行绿色生产。政府还应大力推广绿色共享经济模式，如共享单车、共享充电宝等，以降低能源消耗和碳排放，推动绿色出行和低碳生活。

第二，形成绿色消费方式。共享经济的高质量发展，需要广大消费者的积极参与。消费者应树立绿色消费观念，选择环保、低碳的共享产品和服务。这不仅有利于个人健康，也有助于保护生态环境，实现可持续发展。政府和企业应加强绿色消费的宣传和引导，通过各种渠道教育消费者树立绿色消费观念。同时，政府和企业还应共同推动绿色产品的研发和生产，提供更多优质、环保的共享产品和服务，满足消费者日益增长的绿色需求。

第三，推行"绿色"监管方式。共享经济的高质量发展，离不开政府的有效监管。政府应加强对共享经济企业的环保监管，确保企业合规经营，推动绿色共享经济发展。政府还需创新监管方式，如实行碳排放权交易、建立环保信用体系等，以促进共享经济绿色发展。此外，政府还应建立健全法律法规，规范共享经济市场秩序，防范环境风险。同时，政府应鼓励企业开展绿色技术创新和绿色生产，对符合绿色标准的企业给予支持和奖励。

（四）加强人文关怀与提升社会信用度

1. 加强人文关怀

共享经济的高质量发展离不开人文关怀。在新时代背景下，企业应关注员工的福利和发展，提高员工的工作满意度，从而提升企业的凝聚力和竞争力。企业可以通过以下几个方面来实现人文关怀：

（1）关注员工身心健康。企业应为员工提供健康的工作环境和心理关怀，关注员工的身心健康,使其在愉快的工作中实现个人价值。

(2)培训与发展。企业应定期为员工提供专业培训,帮助员工提升技能,增加职业竞争力,为员工的职业生涯规划提供支持。

(3)优化薪酬福利制度。企业应建立合理的薪酬激励机制,确保员工在共享经济中获得应有的回报,提高员工的工作积极性。

(4)注重员工沟通与反馈。企业应建立健全的沟通机制,倾听员工的意见和建议,为员工解决工作中遇到的问题,营造和谐的企业文化。

2. 提升社会信用度

共享经济的高质量发展依赖于良好的社会信用环境。政府应采取以下措施来提升社会信用度:

(1)建立健全社会信用体系。政府应加强对企业和个人的信用监管,形成一套完善的信用评价标准,为共享经济提供可靠的信用基础。

(2)推动信用数据共享与应用。政府应促进各类信用数据的整合与共享,鼓励企业和个人在守信的基础上获得更多优惠和便利,提高整个社会的信用水平。

(3)强化信用宣传教育。政府应加大信用知识的普及力度,提高公众的信用意识,树立诚信为本的价值观念。

(4)严格执法,惩戒失信行为。政府应加大对失信行为的惩处力度,建立健全守信联合激励和失信联合惩戒机制。

(5)鼓励社会力量参与信用建设。政府应引导和鼓励社会力量参与信用体系建设,形成政府、企业、社会共同推进信用发展的良好格局。

第四节 生态经济的崛起与创新发展

一、生态经济的崛起

(一)生态经济的内涵

生态经济是绿色经济的一种形态,是一种注重生态环境保护和可持续发展的

经济模式。生态经济的概念与内涵可以从以下几个方面进行阐述:

第一,生态经济是以资源环境承载能力为基础的经济形态。生态经济强调保护生态环境,注重资源的可持续利用,以实现人与自然的和谐发展。生态经济要求在经济活动中,尽可能减少对环境的污染和破坏,提高资源的利用效率,降低生产成本,提高经济效益。生态经济的核心理念是"可持续发展",即在满足当前需求的同时,不损害未来世代的需求。

第二,生态经济是以市场机制为基础的经济形态。生态经济强调市场的调节作用,通过价格机制、竞争机制等市场机制来调节资源的配置,促进资源的合理利用。生态经济还注重政府的引导和监管作用,通过制定和实施相关政策,引导和规范市场行为,促进生态经济的发展。生态经济的市场机制可以促进资源的优化配置,提高资源利用效率,降低生产成本,提高经济效益。

第三,生态经济是以社会效益为导向的经济形态。生态经济强调社会效益和生态效益的统一,以实现人与自然的和谐发展。生态经济注重环境保护和社会公平,通过政策引导和市场机制来促进资源的合理利用,提高经济效益,同时保障人民的基本生活需求,促进社会和谐发展。生态经济的社会效益可以提高人民的生活质量,促进社会的可持续发展,为未来的发展奠定基础。

生态经济是一种注重生态环境保护和可持续发展的经济模式,是以资源环境承载能力为基础、以市场机制为基础、以社会效益为导向的经济形态。生态经济的发展需要政府、企业和社会各方的共同努力,通过科学合理的政策和措施,促进资源的合理利用,提高经济效益,保障人民的基本生活需求,促进社会的可持续发展,实现人与自然的和谐发展。

(二) 生态经济的发展历程

生态经济的概念最早可以追溯到 20 世纪 60 年代的生态学和环境科学领域。当时,人们开始关注经济发展对生态环境的影响,并提出一系列生态保护和资源利用的理论和方法。进入 21 世纪,随着全球环境问题的日益严重和可持续发展理念的普及,生态经济逐渐成为全球关注的焦点。

生态经济的发展历程大致可以分为三个阶段。

第一阶段是理论探索期，主要集中在学术界和研究机构。学者们对生态经济的概念、原则、方法等进行了深入研究和探讨，为生态经济的实践提供理论基础。

第二阶段是实践探索期，此时生态经济开始在一些国家和地区得到试点和推广。这些国家和地区通过制定相关政策、建立生态产业园区等方式，推动生态经济的发展。例如，丹麦通过推广风力发电和生物质能等清洁能源，实现了能源结构的转型和升级；中国则通过实施退耕还林、水土保持等生态工程，改善了生态环境质量。

第三阶段是全面推广期，生态经济开始在全球范围内得到广泛推广和实践。各国政府纷纷制定相关政策措施，推动生态经济的发展。同时，随着技术的进步和环保意识的提高，越来越多的企业和消费者开始关注生态环保问题，并积极参与到生态经济的实践中来。

（三）生态经济的特性

第一，生态经济的资源利用具有可持续性。这意味着在生产、消费和废弃物处理过程中，要充分考虑资源的合理利用，避免过度消耗和浪费。生态经济的资源利用应遵循以下原则：减少资源消耗、提高资源利用效率、实现资源的循环利用和再生利用。这不仅有助于保护环境，还能降低生产成本，提高经济效益。具体来说，生态经济在生产过程中，可以通过采用节能技术和提高能源利用效率，降低生产过程中的资源消耗。在消费过程中，消费者可以选择环保的产品和服务，减少一次性消费，提高消费的可持续性。在废弃物处理过程中，生态经济提倡循环利用和再生利用，如垃圾分类、资源回收等，以减少废弃物的排放和对环境的影响。

第二，生态环境保护在生态经济中具有极其重要的地位。应加强环境监测、污染治理和生态修复等工作，提高环境保护的力度和效果。在环境监测方面，可以通过建立和完善环境监测网络，实时监测环境质量，为环境保护决策提供科学依据。在污染治理方面，可以采取先进的污染治理技术，如清洁生产、清洁技术等，减少污染物排放，降低环境污染程度。在生态修复方面，可以采用生态工程的方法，如植被恢复、土壤修复等，改善生态环境，提高生态系统的稳定性。

第三，生态经济追求经济增长与环境效益的统一。经济增长是实现国家富强和人民幸福的基础，而环境效益则是维护生态平衡和人类生存环境的保障。生态经济要求在经济发展的过程中，充分考虑环境因素，实现经济增长与环境效益的双赢。具体而言，应通过技术创新、制度创新和政策引导等手段，推动经济增长与环境保护的协调发展。在技术创新方面，可以通过研发清洁能源、节能技术等，降低经济增长对环境的压力。在制度创新方面，可以建立和完善环境保护法律法规，加强对环境保护的监管，保障环境效益。在政策引导方面，可以通过税收、补贴等政策手段，鼓励企业和个人参与环境保护，实现经济增长与环境效益的统一。

二、中国生态经济的创新发展

（一）明确生态经济中的文化根源

中华文明源远流长，其中蕴含着丰富的生态智慧。从古代的"天人合一"哲学思想，到现代的"绿色发展，循环发展，低碳发展"理念，中华文化在生态经济中扮演着举足轻重的角色。在生态经济的实践中，中国人民将这一思想贯穿于经济社会发展的全过程，推动形成绿色发展方式和生活方式。

第一，中国深入挖掘和弘扬传统文化中的生态智慧。通过教育、宣传等手段，普及传统文化中的生态知识，让公众了解中华文化的博大精深和生态智慧的重要性。同时，将传统文化中的生态智慧与现代科技相结合，推动生态经济的发展。

第二，中国将传统文化中的生态智慧与现代生态经济实践相结合。在生态经济的实践中，中国倡导"绿色发展，循环发展，低碳发展"，这与传统文化中的"节约资源，保护环境"的观念不谋而合。通过推广绿色技术、发展循环经济、推动低碳发展等措施，实现资源的节约和环境的保护。同时，通过立法和政策引导，鼓励企业和公众参与到生态经济的实践中来，形成全社会共同参与的绿色发展氛围。

(二) 提升资源使用效率

资源的高效利用是生态经济的基础。中国正通过科技进步、制度创新、管理优化等手段,全面提升资源的使用效率。

第一,推动产业结构优化升级。中国正逐步淘汰高污染、高能耗的落后产能,发展高新技术产业和绿色产业。通过技术创新和产业升级,提高资源利用效率,减少资源消耗和浪费。同时,加强产业间的协作和融合,推动循环经济的发展,实现资源的再利用和循环化。

第二,推广节能减排技术。中国通过引进和研发先进的节能减排技术,提高能源利用效率,减少污染物的排放。例如,推广节能灯具、节能电器等节能产品,鼓励企业和家庭使用清洁能源。同时,加强工业企业的节能减排工作,推广清洁生产技术和循环经济模式,降低生产过程中的能耗和排放。

第三,中国还通过立法和政策引导,鼓励企业和公众参与到资源节约和循环利用中来。例如,制定严格的节能减排标准和政策,对不符合标准的企业进行处罚和整改。同时,加强宣传教育,提高公众的环保意识和参与度,通过全社会的共同努力,形成资源节约型社会。

(三) 加大环境治理力度,严格执法

环境治理是生态经济的重要组成部分。中国坚持"预防为主,防治结合"的原则,通过严格的环境保护法律法规和执法监管,加大环境治理力度。

第一,加强环境保护法律法规建设。中国不断完善环境保护法律法规体系,制定更加严格的环境标准和排放标准。同时,加大执法监管力度,对违法排污行为进行严厉打击和处罚。通过法律的约束和制裁作用,维护环境的良好秩序和公共利益。

第二,引入市场机制,推动环境治理。中国通过排污权交易、碳排放权交易等市场机制,激励企业减少污染物排放和碳排放。这些市场机制的实施,不仅有助于降低环境治理成本,还能促进企业加强自身的环保意识和责任感。

第三,加强国际合作与交流,共同应对全球环境问题。通过参与国际环保组

织、开展国际环保合作等方式，推动全球环境治理体系的完善和发展。

（四）实施生态修复工程，保护生物多样性

生态保护是生态经济的核心。中国坚持"保护优先，自然恢复为主"的方针，加大生态保护力度。中国通过退耕还林还草、湿地保护、水土保持等生态修复工程，恢复和增强生态系统的服务功能。这些工程的实施，不仅有助于提高生态环境质量，还能促进生态经济的发展。

建立自然保护区、实施濒危物种拯救计划等措施，保护珍稀濒危物种和生物多样性。同时，加强生态旅游的开发和管理，推动生态旅游与生态保护相协调。加强国际合作与交流，共同应对全球生态问题。

（五）提升全民生态文明意识，形成绿色发展共识

生态文明意识的提升是生态经济发展的关键。中国通过加强生态文明宣传教育，提高全民的生态文明意识和参与度。

第一，加强生态文明教育。中国将生态文明教育纳入国民教育体系，从幼儿园到大学都设置相关课程和活动。通过课堂教育、实践活动等方式，普及生态文明知识，培养青少年的环保意识和责任感。

第二，加强媒体宣传。中国通过电视、广播、报纸等媒体渠道，宣传生态文明理念和知识。同时，利用互联网、社交媒体等新媒体平台，扩大宣传覆盖面，提高公众对生态经济的认知度和参与度。通过生动有趣的宣传内容，引导公众树立绿色、低碳、环保的生活方式，推动形成全社会共同参与的绿色发展氛围。

第三，开展形式多样的宣传活动。中国举办了一系列生态文明主题的宣传活动，如生态文明宣传周、绿色出行日、世界地球日等。这些活动通过举办讲座、展览、演出等形式，向公众普及生态文明知识，展示生态经济发展的成果和前景。同时，鼓励公众参与环保志愿活动，如植树造林、清理河道、环保宣传等，通过亲身实践感受环保的魅力和价值。

第四，加强政策引导和制度建设。中国政府通过制定和实施一系列政策，引导企业和公众参与到生态经济的实践中来，如对绿色产业给予税收优惠、财政补

贴等政策支持；对环保行为给予奖励和表彰；对违法排污行为进行严厉打击和处罚等。同时，加强生态文明建设的制度建设，完善相关法律法规和标准体系，为生态经济的发展提供坚实的法律保障。

练习与思考

1. 请分析低碳经济的崛起与中国创新发展趋势。
2. 请阐述循环经济的崛起与创新发展对绿色经济发展的重要性。
3. 请探讨共享经济与生态经济的崛起与创新发展对绿色经济发展的作用。

第四章　绿色经济产业的高质量发展探究

第一节　新能源产业的高质量发展

新能源产业是指以可再生能源和节能技术为核心的产业,包括太阳能、风能、水能、生物质能等。新能源产业在中国经济发展中扮演着重要角色,绿色金融与新能源产业的结合有助于新能源产业的高质量发展。[①] 随着全球气候变化和环境问题日益严重,新能源产业的发展越来越受到重视。

一、新能源概述

(一)新能源的时代需求

新能源是指不依赖传统化石能源,且在环境、经济和社会可持续性方面具有优势的能源。在当前全球能源转型的大背景下,新能源成为研究热点。新能源的时代需求体现在以下方面:

第一,气候变化和环境问题。气候变化和环境问题已经成为全球性的紧迫问题。随着全球气温的不断升高、海平面上升,极端气候事件和自然灾害的频率和强度也在不断增加。这些气候变化和环境问题不仅对人类的生活和健康产生严重的影响,也对全球经济和社会发展带来巨大的挑战。因此,发展新能源已经成为一种紧迫的需求。

第二,化石能源的消耗和环境污染。化石能源是人类目前主要的能源来源,但是它的消耗和环境污染问题也越来越严重。化石能源的燃烧会产生大量的二氧化碳等温室气体,这些气体是导致气候变化的主要原因。此外,化石能源的开采和加工也会对环境造成严重的污染。因此,发展新能源已经成为一种必然的

---

① 杜雅男. 绿色金融对新能源产业发展的影响研究 [J]. 统计理论与实践, 2022 (07): 50.

趋势。

第三，新能源的发展。新能源是指在环保、低碳、可持续等方面具有优势的能源，包括太阳能、风能、水能、生物质能等。与化石能源相比，新能源具有以下优势：不会产生二氧化碳等温室气体，对环境污染小；能源利用效率高，能够更有效地转化为可用能源；可再生能源，不会因为使用而枯竭。因此，发展新能源已经成为一种紧迫的需求。

第四，新能源的利用。新能源的利用可以有效降低温室气体排放，减缓气候变化。例如，太阳能和风能可以用于发电，水能可以用于发电和灌溉，生物质能可以用于供暖和发电等。这些新能源的利用不仅可以减少化石能源的消耗，还可以提高能源利用效率，促进可持续发展。

第五，新能源的生态、经济和社会价值。新能源的利利用不仅具有重要的生态价值，还有重要的经济和社会价值。例如，发展太阳能和风能等新能源，可以减少对化石能源的依赖，降低能源成本，促进能源市场的多元化；同时，发展新能源还可以促进相关产业的发展，创造新的就业机会，提高社会经济水平。

（二）新能源的特征

第一，可再生性。新能源的可再生性使其在自然循环过程中可以不断再生，不会像化石能源那样耗尽。化石能源的储量有限，随着使用量的增加，其储量逐年减少，而新能源可以通过自然循环不断再生，这使得其具有更长的使用寿命。例如，太阳能和风能在特定的地区具有明显的优势，这些地区的能源供应可以通过对太阳能和风能的利用得到满足，而不需要从其他地区运输能源。此外，新能源还包括生物质能、地热能等，它们在特定条件下也能实现可持续再生。

第二，清洁性。新能源的清洁性是指其在利用过程中不产生污染物，对环境污染较小，这符合中国近年来倡导的绿色发展理念。中国逐年加大对新能源的投入，推动能源消费革命，倡导绿色生活方式。新能源的清洁性主要表现在其利用过程中不产生二氧化碳、氮氧化物等污染物，对环境的影响较小。此外，新能源的开发和应用还可以减少对化石燃料的依赖，从而降低大气污染和温室气体排放。

第三，安全性。新能源的安全性是指其在利用过程中较少涉及化学反应等危险过程，安全性较高。化石能源，如石油、煤炭等，在利用过程中涉及复杂的化学反应，存在一定的危险性。而新能源，如太阳能、风能等，在利用过程中其安全性较高，不会对人类和环境造成威胁。同时，新能源的发展有助于减少能源事故的发生，提高能源供应的稳定性。

第四，地域性。新能源的地域性使其在特定地区具有优势。太阳能主要分布在沙漠地区，风能主要分布在沿海地区，水能主要分布在河流、湖泊等地区。这些地区具有丰富的太阳能、风能和水能资源，可以通过对这些资源的利用，满足当地的能源需求。此外，新能源的地域性分布也有利于推动地方经济发展，提高当地居民的生活水平。

第五，经济效益。新能源的开发和应用可以带来显著的经济效益。随着技术的不断进步，新能源的成本逐渐降低，使其在市场竞争中具有更高的优势。新能源产业的发展可以创造更多的就业机会，促进相关产业链的完善，进而推动整个国民经济的可持续发展。

(三) 新能源的类型

第一，太阳能。太阳能是当今世界上最广泛利用的新能源。太阳能的利用主要有两种方式：太阳能光伏发电和太阳能热发电。太阳能光伏发电是将太阳光能转化为电能，而太阳能热发电则是通过太阳的热能来产生蒸汽，进而推动涡轮发电机发电。

第二，风能。风能是另一种重要的可再生能源。风能的利用主要是通过风力发电机将风能转化为电能。风能资源丰富的地区可以充分利用风力资源，减少对化石能源的依赖。

第三，水能。水能是指水流、水位差等水体运动所具有的能量。水能的利用主要有两种形式：传统的水力发电和潮汐能发电。水力发电是通过水流驱动涡轮发电机发电，而潮汐能发电则是利用潮汐涨落产生的能量来发电。

第四，生物质能。生物质能是指生物体通过光合作用将太阳能转化为化学能。生物质能的利用形式主要有生物质燃烧、生物质气化和生物质发酵。生物质燃烧是将生物质直接燃烧产生的热能转化为电能;生物质气化是将生物质转化为可燃气体,再通过燃烧产生热能;生物质发酵是将生物质转化为生物质燃料,如生物质酒精和生物质沼气。

第五,地热能。地热能是指地球内部的热能。地热能的利用主要是通过地热发电。地热发电是将地热能转化为电能,具有清洁、稳定等特点。

第六,海洋能。海洋能是指海洋中的各种能量形式,如波浪能、海流能、温差能等。海洋能的利用主要是通过海洋能发电。海洋能发电是将海洋能转化为电能,具有巨大的潜力。

第七,核能。核能是指核反应产生的能量。核能的利用主要是通过核反应堆将核能转化为电能。核能具有高能量密度、减少碳排放等优点,但也存在核事故风险、核废料处理等问题。

二、新能源产业的兴起

(一)新能源产业的发展现状

目前,全球新能源产业的发展现状良好。在全球范围内,许多国家都已经制定并实施了新能源发展规划,其中许多国家已经实现了可再生能源发电量的占比达到一定比例。

新能源产业的发展趋势也非常乐观。随着技术的不断进步,新能源的转换效率和成本也在不断下降,这使得新能源的应用范围不断扩大。此外,新能源产业的发展也得到了政策的支持,许多国家出台了鼓励新能源产业发展的政策,如税收优惠、补贴等。

新能源产业的发展前景也非常广阔。随着全球气候变化和环境问题日益严重,人们对可再生能源的需求也越来越大。此外,新能源产业的发展还可以带动其他相关产业的发展,如储能、电动汽车等,这些产业的发展可以为新能源产业提供更加广阔的市场空间。

新能源产业的发展现状良好,发展趋势乐观,但同时也面临着一些挑战。未来,新能源产业需要不断探索新技术、完善政策,以实现其可持续发展。

（二）新能源产业的政策支持与市场环境

新能源产业是指利用可再生能源进行能源生产、供应和消费的产业，如太阳能、风能、水能、生物质能等。随着全球气候变化和环境污染问题的日益严重，新能源产业得到越来越多的重视和政策支持。

在中国，新能源产业的发展得到国家层面的重视和支持。2015年，国家能源局综合司发布了《关于进一步做好可再生能源发展"十三五"规划编制工作的指导意见》，明确提出新能源产业的发展目标、政策措施和时间表，为新能源产业的发展提供了明确的指导。此后，国家又出台了一系列政策，如《关于促进储能技术与产业发展的指导意见》《关于加快推进新能源及智能网联汽车产业高质量发展的政策意见》等，旨在推动新能源产业的高质量发展。

新能源产业的发展需要国家政策和市场环境的支撑和推动。政府应该加大政策扶持力度，加强技术创新和产业升级，提高新能源产业的竞争力和可持续发展能力。同时，市场环境也需要不断优化，为新能源产业的发展提供良好的市场条件。只有这样，新能源产业才能实现高质量发展，为中国经济的发展和环境保护做出更大的贡献。

（三）新能源产业的技术创新

新能源产业需要不断开发和应用新技术，以提高能源利用效率、降低成本、提高安全性和可靠性等。目前，新能源产业的技术创新主要集中在以下几个方面。

1. 储能技术的创新

储能技术是新能源产业的重要支撑，能够有效地平衡能源供给和需求，提高能源利用效率。目前，储能技术主要包括锂离子电池、液流电池、飞轮储能、超级电容器等。其中，锂离子电池是当前最成熟、应用最广泛的储能技术之一，但其能量密度仍有待提高。

2. 能源转换技术的创新

能源转换技术是实现新能源产业的关键技术之一，能够将不同类型的能源转换成另一种能源，从而实现能源的高效利用。目前，能源转换技术主要包括太阳能转换技术、风能转换技术、水能转换技术等。其中，太阳能转换技术是目前应用最广泛、最成熟的技术之一，但仍有待提高其转换效率和稳定性。

3. 新能源汽车技术的创新

新能源汽车是新能源产业的重要组成部分，其技术创新能够有效地降低能源消耗和环境污染。目前，新能源汽车技术主要包括电动汽车、混合动力汽车、燃料电池汽车等。其中，电动汽车技术是当前应用最广泛、最成熟的技术之一，但其续航里程和充电时间仍有待提高。

（四）新能源产业的产业链

新能源产业的产业链是指以新能源产业为核心，围绕新能源产业的各个环节展开的产业链。随着全球能源结构的转型和环境问题的日益严重，新能源产业的发展已经成为全球共识。中国新能源产业的发展更是得到国家政策的大力支持，新能源产业链不断完善，成为推动经济发展的重要动力。

1. 新能源产业链的结构

新能源产业链包括上游、中游和下游三个环节。上游环节主要包括原材料生产、能源资源的开发与利用。中游环节主要包括新能源设备的制造、能源转换与存储设备的研发与制造。下游环节主要包括新能源应用领域的拓展，如电力、交通、建筑、工业等领域。

上游环节的原材料生产主要包括太阳能电池板、风能发电机、核能燃料等，这些原材料的生产过程需要大量的投资和技术支持，同时也需要严格的环保要求。中游环节的新能源设备制造包括太阳能电池板、风力发电机、核能反应堆等，这些设备的制造需要精密的工艺和严格的质量控制，同时也需要大量的研发投入。下游环节的新能源应用领域拓展需要大量的投资和市场推广，以提高新能源的普及率和使用率。

2. 产业链优化的方向

（1）加强原材料生产的绿色化。原材料生产的绿色化是实现产业链优化的重要方向之一。在原材料生产中，应该注重节能减排和资源利用的效率，采用环保技术和工艺，减少污染物的排放，提高资源利用效率。例如，在太阳能电池板的制造中，应该采用高效率的硅材料和先进的生产工艺，减少浪费和污染。

（2）提高中游制造环节的智能化。中游制造环节的智能化是实现产业链优化的另一个重要方向。在制造环节中，应该注重提高生产效率和产品质量，采用先进的制造技术和工艺，减少浪费，避免技术缺陷。例如，在风力发电机的制造中，应该采用高精度数控机床和自动化生产线，提高生产效率和产品质量。

（3）加强下游应用环节的可持续性。下游应用环节的可持续性是实现产业链优化的重要方向之一。在应用环节中，应该注重节能减排和资源利用的效率，采用环保技术和工艺，减少污染物的排放，提高资源利用效率。例如，在电网建设和运营管理中，应该采用智能化的技术和设备，提高电力输送效率和安全性，从而减少浪费和污染。

3. 产业链的价值创造

产业链的价值创造是实现产业链优化的重要目的之一。在产业链中，各个环节都有其独特的价值和作用，通过优化和协同，可以实现产业链的价值最大化。例如，在原材料生产中，可以通过合作和共享资源，实现成本降低和效率提高，提高产业链的整体竞争力。在中游制造环节中，可以通过合作和协作，实现技术研发和生产优化，提高产业链的整体效率和产品质量。在下游应用环节中，可以通过合作和共享资源，实现电力输送效率和安全性提升，提高产业链的整体效益。

三、新能源产业的高质量发展策略

第一，做好顶层设计是实现新能源产业高质量发展的关键。对新能源产业的发展进行科学规划，明确产业发展的目标、任务和路径，深入研究全球新能源产业的发展趋势，借鉴国际先进经验，结合中国国情，制定出符合中国实际的新能源产业发展策略。同时，建立完善的政策体系，为新能源产业的发展提供制度保障。

第二，加强全国范围新能源项目开发是推动新能源产业高质量发展的重要手段。加大对新能源项目的投资力度，鼓励企业和社会资本参与新能源项目的开发。同时，优化新能源项目的审批机制，提高项目审批效率，为新能源项目的开发提供良好的政策环境。

第三，建立完善的市场机制是引导全社会消费新能源的重要途径。建立公平、公正、开放的新能源市场，激发市场活力，推动新能源产业的发展。同时，加强对新能源市场的监管，防止市场失灵，维护市场秩序。

第四，完善新能源项目审批机制是提高项目审批效率的关键。应优化审批流程，简化审批手续，提高审批效率。同时，加强对审批人员的培训，提高审批人员的业务水平，确保审批质量。加大新能源技术创新投入力度是推动新能源产业高质量发展的重要动力。加大对新能源技术的研发投入，推动新能源技术的创新。同时，加强对新能源技术的应用，提高新能源技术的产业化水平。加强新能源与传统能源综合开发利用是实现中国能源结构调整的重要途径。加大对新能源与传统能源综合开发利用的技术研究和应用，提高新能源与传统能源的综合开发效率。

第五，提升新能源企业国际化经营能力和水平，完善相关财政金融政策是推动新能源产业高质量发展的重要保障。加大对新能源企业的支持力度，提高企业的国际竞争力。同时，制定完善的财政金融政策，为新能源企业的发展提供良好的政策环境。

四、碳中和背景下光伏新能源产业的高质量发展

（一）光伏新能源产业高质量发展的意义

光伏新能源产业的高质量发展，有助于推动可持续能源结构转型。随着全球气候变化问题日益严重，各国都在寻求减少碳排放的方法，实现碳中和的目标。光伏新能源产业的高质量发展，可以加速经济的绿色低碳转型。传统的化石能源燃烧会产生大量的二氧化碳排放，对环境造成严重的污染。而光伏新能源作为一种清洁能源，可以有效地替代化石能源，有助于实现经济的绿色低碳转型。

光伏新能源产业的高质量发展，可以提高能源供给的安全性。光伏新能源可

以有效地提高能源供给的稳定性，减少能源供应中断的风险，提高能源供给的安全性。

（二）光伏新能源产业高质量发展的创新对策

在实现光伏新能源产业的高质量发展过程中，创新起着关键的作用。

第一，优化产业结构，扩大市场内需，是推动光伏新能源产业高质量发展的重要途径。通过优化产业结构，可以提高光伏新能源产业的效率，降低成本，提高竞争力。同时，通过扩大市场内需，可以提高光伏新能源产品的销售量，进一步推动产业的发展。

第二，加大研发投入，鼓励技术革新，也是推动光伏新能源产业高质量发展的重要手段。通过加大研发投入，可以推动光伏新能源技术的创新，提高光伏新能源产业的科技含量，增强产业的核心竞争力。

第三，强化环保意识，推动资源循环利用，也是推动光伏新能源产业高质量发展的重要途径。通过强化环保意识，可以提高人们对光伏新能源的接受度，推动光伏新能源产业的发展。同时，实现资源循环利用，可以降低光伏新能源产业的成本，提高产业的经济效益。

第四，促进光伏与其他能源的互补和优化配置，也是推动光伏新能源产业高质量发展的重要手段。通过促进光伏与其他能源的互补和优化配置，可以提高光伏新能源产业的效率，降低成本，提高竞争力。

第二节　绿色农业经济的高质量发展

一、绿色农业的发展理念与实践

绿色经济产业的高质量发展探究是当前中国经济发展的重要课题之一。其中，绿色农业作为绿色经济产业的重要组成部分，其发展理念与实践对于实现绿色经济的高质量发展具有重要的意义。

绿色农业的发展理念是以生态环保为核心，以可持续发展为导向，注重保护生态环境，提高农业生产效益，促进农村经济发展。具体实践方面，绿色农业强调减少化肥、农药等化学物质的使用，推广有机肥料、生物农药等环保型农业生产技术，加强农业资源利用效率，提高农产品品质，实现农业可持续发展。

绿色农业可以有效减少化学物质的使用，减少对环境的污染，提高环境质量，符合绿色经济的发展理念；绿色农业可以提高农业生产效益，促进农村经济发展，符合绿色经济的发展目标；绿色农业可以促进农业可持续发展，实现经济的长期稳定发展，符合绿色经济的发展要求。

二、绿色农业的技术创新与推广

绿色农业是指在农业生产过程中，以保护生态环境、提高资源利用效率、促进农业可持续发展为目标的一种新型农业生产方式。随着全球气候变化和环境污染问题的日益严重，绿色农业已经成为当前农业发展的重要方向。

（一）绿色农业技术创新的内容

农业技术创新在推动绿色农业发展方面具有举足轻重的地位。在当前全球农业发展的背景下，我们面临着资源环境压力、市场需求变化、农业产业链延伸等多重挑战。为了应对这些挑战，应加强农业技术创新，提高农业生产效率和质量，同时降低农业生产对环境的不良影响。绿色农业技术创新的主要内容包括以下几个方面：

第一，农业生物技术。通过基因编辑、转基因等技术手段，提高作物的抗逆性、抗病性和适应性，从而提高作物产量和品质。这些技术有助于减少农药和化肥的使用，降低对环境的污染。

第二，绿色肥料技术。运用有机肥料、生物肥料等新型肥料技术，提高土壤肥力，促进作物生长，同时减少化肥对环境的污染。有机肥料和生物肥料的使用有利于改善土壤结构，提高土壤生态系统的稳定性。

第三，节水技术。普及节水灌溉技术，提高水资源利用效率，减少水资源的浪费和污染。节水灌溉技术包括喷灌、滴灌、微灌等，它们可以在降低用水量的同时，保证作物的正常生长需求。

第四，节能技术。推广节能设备和技术，降低农业生产能耗，减少温室气体排放。例如，利用太阳能、生物质能等可再生能源替代传统能源，降低农业生产过程中的碳排放。

第五，绿色防控技术。通过生物防治、物理防治、化学防治等多种手段，综合防控农业病虫害，降低农药使用量，保障农产品质量和生态环境安全。

第六，农业废弃物资源化利用技术。将农业废弃物转化为资源，如沼气、生物炭、有机肥等，实现农业循环经济发展，减少环境污染。

第七，农业信息技术。利用大数据、物联网、遥感等技术手段，实现农业生产的精细化、智能化管理，提高农业生产效率，降低资源消耗。

（二）绿色农业技术创新的推广

第一，加大宣传力度至关重要。通过各种渠道和形式，加强对绿色农业技术创新的宣传，提高广大公众对绿色农业的认识。这个过程包括普及绿色农业相关知识，传播绿色农业的理念，以及推广绿色农业技术的应用。这样可以激发社会对绿色农业的关注，进一步推动绿色农业技术创新的发展。

第二，政府应当加强政策扶持。政府在绿色农业技术创新领域的支持力度直接影响到绿色农业的发展。因此，政府应当制定一系列有利于绿色农业技术创新的政策，包括资金支持、税收优惠等，鼓励农业企业、科研院所等加大对绿色农业技术创新的投入。这样的政策扶持有助于绿色农业技术创新的推广。

第三，强化技术培训是关键。加强对农民的技术培训，提高他们对绿色农业技术的应用能力。可以通过组织培训班、讲座等形式，让农民了解和掌握绿色农业技术，从而更好地应用到生产实践中。提高农民的技术水平，有助于绿色农业技术创新在农业生产中的普及和应用。

第四，建立绿色农业技术服务体系不可或缺。这一服务体系可以为农民提供全方位的技术支持，包括技术咨询、技术指导、技术培训等。通过建立这样的服务体系，可以帮助农民解决绿色农业技术应用过程中遇到的问题，提高绿色农业技术创新的推广效果。

(三) 绿色农业的产业链延伸与价值实现

绿色农业是一种以保护环境、提高农产品质量、保障食品安全和促进农业可持续发展为目标的农业生产方式。随着人们对环境保护意识的提高和绿色消费需求的增加，绿色农业逐渐成为农业产业升级的重要方向。在绿色农业的产业链中，产业链的延伸和价值实现是至关重要的环节。

产业链的延伸是指将绿色农业的生产、加工、销售等环节进行整合，形成一个完整的产业链。通过产业链的延伸，可以提高农产品的附加值，促进农业可持续发展。在绿色农业产业链中，生产环节是基础，加工环节是关键，销售环节是终端。这三个环节需要紧密结合起来，形成一个完整的产业链。例如，在绿色农业的生产环节中，可以采用有机肥料、生物农药、节水灌溉等技术，提高农产品的质量；在加工环节中，可以采用现代化的加工技术，如有机肥料加工、农产品深加工等，提高农产品的附加值；在销售环节中，可以通过建立绿色农产品销售渠道，如绿色农产品超市、有机农产品电商等，提高农产品的销售量和价值。

价值实现是指通过产业链的延伸，实现绿色农业的经济效益、社会效益和生态效益。在绿色农业的价值实现中，经济效益是核心，社会效益和生态效益是支撑。经济效益是指通过产业链的延伸，提高农产品的附加值，增加农民的收入，促进农村经济发展。社会效益是指通过绿色农业的生产和加工，提高农产品的质量和安全性，保障食品安全，促进消费者健康。生态效益是指通过绿色农业的生产和加工，减少环境污染，保护生态环境，促进可持续发展。

在绿色农业的产业链延伸与价值实现中，政府、企业、农民和消费者都需要发挥重要作用。政府需要制定相应的政策，促进绿色农业的发展。企业需要加强绿色农业的研发和推广，提高绿色农业的市场竞争力。农民需要掌握绿色农业的技术，提高生产效率和质量。消费者需要提高绿色消费意识，选择绿色农产品，促进绿色农业的发展。

绿色农业的产业链延伸与价值实现是实现绿色农业可持续发展的重要环节。通过价值实现，可以提高绿色农业的经济效益、社会效益和生态效益，促进绿色农业的可持续发展。政府、企业、农民和消费者需要共同参与，促进绿色农业的可持续发展。

（四）绿色农业的区域发展与政策支持

随着人们对环境保护意识的增强，绿色农业的区域发展与政策支持越来越受到重视。

第一，政府应该制定相关政策，鼓励农民采用绿色农业生产方式。政府可以提供财政支持、技术指导、培训等服务，帮助农民提高生产效率和质量，降低生产成本。

第二，政府应该加强监管，确保绿色农业生产符合环保要求。政府可以建立相应的监管机制，加强对农业生产过程中的环境污染和资源浪费的监管，确保绿色农业健康发展。

第三，政府还应该加强宣传和推广。政府可以通过媒体、网络等渠道，向公众普及绿色农业的理念和知识，提高公众对绿色农业的认知度和支持度。政府还可以举办各种活动，如绿色农业展览会、论坛等，促进绿色农业的发展和推广。企业是推动绿色农业发展的重要力量。企业可以采用绿色农业生产方式，提高产品质量和品牌价值。政府可以通过优惠政策、补贴等方式，鼓励企业采用绿色农业生产方式。此外，政府还可以与企业合作，共同开发绿色农业技术和产品，推动绿色农业的发展。

第四，绿色农业的区域发展与政策支持还需要注重人才培养。政府应该加强绿色农业人才培养，提高农民的环保意识和生产技能。政府可以加强与高校、科研机构的合作，建立绿色农业人才培养基地，培养更多具备专业知识和技能的人才。

三、绿色农业对于农村经济发展的意义

第一，绿色农业可以提高农产品的质量和安全性。在传统的农业生产方式中，为了追求高产和高效，往往采用大量的农药和化肥，导致农产品中残留有害

物质，对人体健康造成威胁。而绿色农业则注重生态平衡和环境保护，采用有机肥料、生物农药等环保方式，可以减少农产品中残留的有害物质，提高农产品的品质和安全。

第二，绿色农业可以促进农村经济可持续发展。传统农业生产方式往往以短期利益为主，忽视了长期的经济效益和生态效益。而绿色农业注重生态环境的保护和资源的可持续利用，可以实现农业生产的长期稳定和健康发展。同时，绿色农业还可以促进农村旅游业、农产品深加工等产业的发展，为农村经济发展带来更多的机会和动力。

第三，绿色农业可以提高农民的收入和福利。传统农业生产方式往往以劳动力密集型为主，农民的收入较低，而且容易受到自然灾害的影响。而绿色农业则可以提高农产品的附加值，增加农民的收入。此外，绿色农业还可以促进农村社会保障和福利事业的发展，提高农民的生活水平和福利保障。

第四，绿色农业可以促进社会和谐和可持续发展。传统农业生产方式往往容易引发环境污染和资源浪费等问题，容易引发社会矛盾和冲突。而绿色农业则注重生态平衡和环境保护，还可以提高公众对环境保护和可持续发展的认识，促进社会的文明进步和发展。

绿色农业对于农村经济发展具有重要意义。它可以提高农产品的质量和安全性，促进农村经济可持续发展，提高农民的收入和福利，促进社会和谐和可持续发展。因此，积极推进绿色农业的发展，以实现农村经济可持续发展和生态环境的和谐发展。

四、绿色农业经济的高质量发展策略

（一）积极解决绿色农业发展中的问题

第一，政府应加大对绿色农业的政策支持力度。政府有关部门应制定相应的法规和标准，明确绿色农业的生产要求和技术规范，确保农业生产过程中的环境安全。同时，通过财政补贴、税收优惠等政策手段，引导和推动绿色农业的发展。此外，政府还应加强宣传和教育，提高全社会对绿色农业的认识和重视程度。

第二，企业要承担起社会责任。作为绿色农业产业链上的重要环节，企业应加大技术研发投入，研究高效、环保的农业投入品和生产技术。通过技术创新，提高绿色农业的生产效率，降低生产成本。同时，企业还应加强与农民的合作，推广绿色农业技术，帮助农民提高产值。

第三，农民是绿色农业发展的主体。农民应转变观念，积极参与绿色农业的发展。这需要农民提高自身的技术素质和市场意识，学习绿色农业生产技术，了解市场需求。同时，农民应加强与合作组织的联系，发挥集体力量，共同推进绿色农业的发展。

（二）加强宣传，提升农民对绿色农业的认知水平

绿色农业作为一种新型农业发展模式，其理念和模式需要广大农民的理解和接受。然而，当前中国农民对于绿色农业的认知水平还有待提高。因此，应加强宣传，提高农民对于绿色农业的认知水平。

第一，加大对绿色农业的宣传力度，通过各种渠道，如电视、广播、网络等，向农民普及绿色农业的知识和意义。

第二，加强农民培训，提高农民的技术素质和市场意识，使他们能够更好地理解和接受绿色农业。此外，还可以通过举办各种活动，如绿色农业技术培训班、绿色农业展览等，提高农民对绿色农业的认知水平。同时，注重实际操作经验的积累，让农民在实践中了解和掌握绿色农业的技术要领。

（三）提升机械化水平

绿色农业的发展离不开机械化，只有提高机械化水平，才能提高绿色农业的生产效率。当前，中国绿色农业的机械化水平还较低，这严重制约了绿色农业的发展。因此，应采取措施，提高绿色农业的机械化水平。一方面，政府要加大对绿色农业机械化技术研发的支持力度，鼓励企业加大技术研发投入；另一方面，

要加强绿色农业机械设备的推广应用，提高农民对绿色农业机械设备的接受度。此外，还可以通过举办各种培训班，提高农民的机械化操作技能，使他们能够更好地利用绿色农业机械设备。同时，加强农机与农艺的融合，提高机械化作业的适应性和效果。

（四）构建科学完善的市场经济体系

绿色农业作为一种新型农业发展模式，其发展离不开市场的支持。然而，当前中国绿色农业的市场体系还不够完善，这严重制约了绿色农业的发展。因此，应构建科学完善的市场经济体系，促进绿色农业的发展。一方面，政府要加大对绿色农业的市场推广力度，通过各种渠道，如政策扶持、资金投入等，推动绿色农业的市场化发展；另一方面，要加强绿色农业的市场监管，保障绿色农业的市场秩序，促进绿色农业的健康发展。此外，还可以通过举办各种农产品交易会、展览会等活动，促进绿色农业的市场化发展。同时，培育和引进绿色农业产业化龙头企业，发挥其在市场开拓、技术研发和品牌建设等方面的引领作用。

（五）创新绿色农业金融服务

金融支持是绿色农业发展的重要保障。为了满足绿色农业发展的金融需求，应创新绿色农业金融服务。一方面，金融机构要加大对绿色农业的信贷支持力度，为绿色农业项目提供优惠贷款和利率政策；另一方面，要推动绿色农业保险业务的发展，降低农民种植绿色农产品的风险。此外，还可以探索绿色农业产业基金、绿色债券等融资渠道，为绿色农业发展提供多元化的金融支持。

（六）强化科技创新驱动

绿色农业的发展离不开科技创新。加大对绿色农业科技研发的投入，推动农业科研院所与企业之间的合作，促进绿色农业科技成果的转化应用。一方面，要加强绿色农业关键核心技术攻关，提高绿色农业的生产效率和产品质量；另一方面，要推广绿色农业先进技术，提高农民的技术素质和生产水平。此外，还要加强与国际的绿色农业科技合作与交流，引进国外先进技术，提升中国绿色农业的国际竞争力。

五、绿色农业经济高质量发展的实现路径

(一) 以数字化驱动农村产业融合发展

发展绿色农业经济,就要拓展农村全产业链,打破传统农村各产业独立发展的模式。科学技术是产业发展的加速器,要采用数字技术创新产业联动、体制机制的方式,优化土地、劳动、资本、技术等各类生产要素配置,延伸产业链条,完善利益机制,发展新型业态,形成一、二、三产业融合,各类主体共生的产业生态,这样才能不断增强绿色农业经济发展的活力。

1. 深入挖掘数字经济红利,助力绿色农业提质增效

(1) 利用数字平台丰富农产品销售渠道,实现线上平台与实体的良性互动,以信息技术打造供应链,对接终端市场,推进优质农产品"走出去"。

(2) 建设"互联网+农业",促进"智慧农业"升级,使土地、资本、劳动力等生产要素融合发展,提高绿色农业生产力。通过全产业链数字化变革,推进"绿色农业"转型,依托数字信息化平台,在田间地头大力推广绿色技术,提高绿色施肥、智能灌溉、精准预防、合理用药等先进数字农业技术的覆盖率,为发展绿色农业提供数字支撑。多措并举,以此来牢牢守住绿色农业基本盘。

2. 持续延伸农业产业链,培育乡村新产业新业态

(1) 推动多元主体的融合发展,建立多元化利益联结机制。以市场为导向,在龙头企业、专业合作社、家庭农场、供销社之间构建多层面的合作共赢机制,更好协调不同经营主体、利益主体的关系,推动绿色农业经营主体的融合发展。

(2) 推动多类型业态融合发展,促进绿色农业全产业链升级。以数字信息技术带动业态融合,推进绿色农业与文旅、教育、康养、商贸等产业融合,发展数字农业、智慧农业、创意农业等,提高绿色农业的附加值。

(3) 扩大资金整合范围,建立健全融合机制。增加对农村产业融合方面的投入,加大涉农资金统筹整合力度,着眼预算源头,厘清整合边界。集中解决农村产业融合中资金多头管理、交叉重复等问题,形成资金合力,进一步提高财政资

金使用绩效。

（二）加强农村数字基础设施建设

农村数字经济的发展需要政府的统筹设计，农村数字基础设施的建设更离不开政府的规划引导，必须健全国家对农村科技发展的顶层设计、调整促进农村科技不断进步的上层建筑。

1. 因地制宜、合理规划农村地区的数字基础设施建设

（1）推动农村基础设施提档升级，加快公路、电力、燃气、供水、物流、通信等基础设施建设，缩小城乡"数字鸿沟"，实现城乡基础设施共建共享、互联互通。

（2）合理规划建设各类农村产业园区，整治数字农业、乡村旅游业、创意农业等集聚区的周边环境，根据发展需要建设农村停车场、垃圾分类、消防安全等配套基础设施。

（3）完善生态环保政策，发展绿色农业，利用大数据对农业资源进行整合，在加强生态农业技术的研发与应用的同时，做好农业污染的监测评估，完善相应的执法程序。

2. 完善信息基础设施

（1）政府应统筹资金，巩固提升乡村宽带工程建设成果，并构建新一代信息基础设施，抓住应用端，把农村网络基础设施建设的重点转向生产场所，推动5G在绿色农业生产的应用。

（2）推动城乡融合发展，发挥城市实体经济与虚拟经济的双重优势，积极引导城市资本参与农村基础设施建设，补齐农村地区数字基础设施短板。

（3）增强农村地区自身产生经济效益的能力，深入挖掘绿色农产品市场的消费潜力，随着数字技术驱动经济发展的能力持续加强，催生短视频、内容种草平台、直播等线上多元化平台触点，通过流量补贴、平台扶持等方式，使农民能够充分利用这些消费触点实现与消费者的直接互动，激发消费意愿，释放绿色农业经济活力。

(三) 强化农村数字人才队伍建设

具有数字素养的人才是数字技术转化为生产力、赋能绿色经济发展必不可少的一环，必须将加快数字人才队伍建设和推进农村数字技能教育普及化作为重点内容。

1. 完善农村数字人才体系

（1）发挥高校在人才培养方面的优势作用，合理增加数字技术类培训课程，建设技术实训基地，为农村数字经济的建设持续不断地输入数字高精尖人才。

（2）制订人才引进计划，加大对中西部地区、少数民族地区和老区的政策倾斜力度，加大资金投入力度，提高落后地区高层次人才待遇，持续制定并落实人才引进政策，吸引具有数字素养的人才扎根基层。

（3）根据各地区现有的人力资源特点，制定符合本地区发展的农村人才回流制度，强化发达地区数字化发展的"溢出效应"，建设区域之间数字资源共享机制，吸引外出人才在农村创新创业。

2. 强化农民的职业素质，加强农民的数字化技术教育和培养

（1）创新数字化技术教育和培养方式。基层政府应针对不同地区、不同类型乡村，根据不同经营主体，结合本地产业发展情况，进一步确定数字技术和农村产业的结合点，对应设立专门的培训班，围绕典型数字化问题及工具使用进行理论和实操的系统培训，增强乡村居民数字化意识和数字化工具使用能力。

（2）营造良好的数字技术学习氛围。推广乡村数字经济发展鲜活模范经验，弘扬创新精神、企业家精神、创业精神，鼓励农民摆脱传统思维的束缚，激发农民敢于创业的热情，营造良好学习发展氛围，引导农村社会主动学习数字技术、提升数字素养。

（3）培育新型职业农民。通过现代青年数字人才培训、农业经营主体培训、实用人才带头人培训和专业生产类培训等方式，对农民进行重点资助和针对性培养，打造一支专家型数字技术从业队伍，引导农民向职业农民转变，最大限度地将数字技术知识转化为生产力。

第三节　绿色工业经济的高质量发展

一、工业的经济作用与影响

（一）工业的经济作用

1. 促进经济增长

工业是推动经济增长的主要动力源泉。一方面，工业生产直接为社会创造了丰富的物质财富，为国民经济的持续、稳定、健康发展提供坚实的物质基础。另一方面，工业生产的增长能够带动其他产业如农业、交通、商业等的协同发展，形成产业间的良性互动与循环，进而推动国民经济整体实现快速增长。工业产值在国民经济中的比重往往占据主导地位，对经济增长的贡献率也始终保持在较高水平。

2. 创造就业机会

工业的发展为社会提供大量的就业机会。工业生产需要庞大的劳动力队伍投入生产活动，从而为社会创造了大量的就业岗位。这些岗位不仅为劳动者提供稳定的收入来源，提高人民的生活水平，还有助于缓解社会就业压力，促进社会的和谐稳定。此外，工业的发展还带动相关产业的繁荣与发展，进一步扩大了就业规模，为更多的人提供就业机会。

3. 提高产品质量与效率

工业生产具有高度的标准化和规范化特点，这有助于提升产品质量和效率。通过引进先进的生产技术和设备，企业可以实现对生产过程的精细管理，确保产品质量达到更高水平。同时，工业生产还能实现规模化生产，降低生产成本，提高生产效率，为企业创造更多的利润空间。这些优势使得工业产品在市场上更具竞争力，能够满足消费者多样化的需求。

4. 推动科技创新

工业的发展离不开科技创新的支撑。随着科技的不断进步，新技术、新工艺、新材料不断涌现，为工业生产提供强大的动力。工业企业通过引进和消化吸收先进技术，不断提高自身的技术水平和创新能力，推动科技与工业的深度融合。这种融合不仅会提高企业的市场竞争力，还会为国家的科技进步和产业升级做出重要贡献。

5. 带动区域经济发展

工业发展对于促进区域经济的繁荣与发展具有积极作用。一方面，工业企业需要大量的原材料和能源供应，这能带动相关产业的发展；另一方面，工业企业的产品需要销售到全国各地甚至全球各地，这能带动交通运输、商业服务等产业的发展。这种产业聚集效应促进了区域经济的繁荣和发展，为当地经济的持续增长提供有力支撑。

(二) 工业对绿色经济的影响

随着全球环境问题的日益严重，绿色经济成为各国发展的重要方向。工业作为能源消耗和污染物排放的主要来源之一，其绿色发展对于推动绿色经济的发展具有至关重要的作用。

1. 促进工业绿色发展

工业绿色发展是实现经济可持续发展的关键所在。为了实现工业绿色发展，企业需要采用清洁、高效的生产技术和设备，减少能源消耗和污染物排放。同时，企业还需要加强污染治理和废弃物资源化利用等方面的工作，确保生产活动对环境的影响最小化。这些措施的实施不仅有助于降低企业的生产成本和提高了产品质量，还能减少对环境的破坏和污染，实现经济效益和环境效益的双赢。

2. 推动绿色技术创新

绿色技术创新是实现工业绿色发展的重要途径。通过引进和开发先进的绿色技术，企业可以实现生产过程中的节能减排和资源循环利用。这些技术的应用不仅降低了企业的生产成本和提高了产品质量，还能推动整个行业的绿色转型和升级。同时,绿色技术创新的同群效应还能提高关联企业的绿色技术创新水平,推动绿色产业格局的形成和发展。

3. 优化产业结构

工业的发展需要不断优化产业结构。在新型工业化的推动下,产业结构正在向更加绿色、低碳、循环的方向发展。这种优化不仅有助于降低能源消耗和污染物排放,还能提高产业的附加值和竞争力。同时,产业结构的优化还能带动相关产业的发展和壮大,形成更加完善的产业链和产业集群,为绿色经济的发展提供有力支撑。

4. 提升绿色经济效率

工业绿色发展对绿色经济效率的提升具有重要影响。通过采用清洁、高效的生产技术和设备以及加强污染治理和废弃物资源化利用等方面的工作,企业可以实现生产过程中的节能减排和资源循环利用。这些措施的实施不仅降低了企业的生产成本和提高产品质量,还能提升绿色经济效率。同时,随着新型工业化的发展和技术创新的推动,绿色经济效率还将不断提升,为经济的可持续发展注入新的动力。

二、绿色工业的发展

绿色经济产业是指在生产、消费和服务过程中,尽可能地减少对环境的负面影响,促进可持续发展的一种新型经济形态。新时代新征程的发展格局下,新型工业化是建设中国式现代化经济体系的重要组成部分,绿色发展则是实现新型工业化高质量发展的必由之路。[①] 在中国,绿色工业的发展已经取得显著的进展。中国在新能源、节能环保、循环经济等领域也取得了一系列重要的成果。例如,中国已成为全球最大的太阳能电池板生产和出口国,新能源汽车产业也得到快速发展。

---

① 王璐,段秋爽. 新时期新型工业化绿色发展道路及其意义研究 [J]. 新型工业化,2024,14 (03):72-80.

（一）绿色工业的技术创新

绿色经济产业在可持续发展理念指导下，以资源节约和环境友好为核心，以低碳、节能、减排、循环利用等为主要特征，实现经济、社会和环境的和谐发展。随着全球气候变化和环境问题日益严重，绿色经济产业已成为未来经济发展的必然趋势。在绿色经济产业中，绿色工业是其中重要的一环。

绿色工业是指以低碳、节能、减排、循环利用等为主要特征的工业生产方式。在绿色工业中，技术创新是实现产业转型的关键。技术创新是推动产业发展的核心动力，是实现产业升级和转型的重要手段。在绿色工业中，技术创新不仅能够提高产品的技术含量和附加值，还能够降低生产成本，提高企业的竞争力和市场占有率。绿色工业的技术创新主要包括以下几个方面：

第一，绿色工艺技术的研发。绿色工艺技术是指在生产过程中采用环保、节能、低碳等技术的工艺过程。绿色工艺技术的研发是实现绿色工业的重要手段。通过对传统工艺过程的改进和优化，可以降低生产过程中的能源消耗和污染物排放，提高产品的质量和安全性。

第二，新材料的研发和应用。新材料是推动产业升级和转型的重要支撑。在绿色工业中，新材料的研发和应用主要包括新型材料、复合材料、生物材料等。这些新材料具有低碳、节能、环保等特性，可以有效地降低生产过程中的能源消耗和污染物排放。

第三，信息技术在绿色工业中的应用。信息技术是推动产业升级和转型的重要手段。在绿色工业中，信息技术主要包括物联网、大数据、云计算等。这些信息技术可以有效地提高生产过程中的自动化水平，降低生产成本，提高企业的效率和竞争力。

第四，环保设备的研发和应用。环保设备是实现绿色工业的重要工具。环保设备主要包括污水处理设备、废气处理设备、废渣处理设备等，这些设备可以有效地降低生产过程中的污染物排放，提高产品的质量和安全性。

绿色工业的技术创新与产业转型密切相关。技术创新是实现绿色工业发展的重要手段，通过绿色工艺技术的研发、新材料的研发和应用、信息技术在绿色工业中的应用以及环保设备的研发和应用，可以有效地降低生产过程中的能源消耗和污染物排放，提高产品的质量和安全性，实现绿色工业的高质量发展。

（二）绿色工业的产业链优化与价值创造

绿色经济产业是指在生产、消费和服务等各个环节中，尽可能地减少对环境的影响，同时提高资源利用效率的经济形态。其中，绿色工业作为绿色经济产业的重要组成部分，其产业链的优化与价值创造是实现绿色经济发展的重要手段。

产业链是指从原材料生产到最终产品消费的全过程，包括原材料供应商、制造商、分销商、零售商等多个环节。在绿色工业中，产业链的优化需要从以下几个方面入手：

第一，优化原材料生产环节。原材料生产是绿色工业的基础，因此优化原材料生产环节是实现产业链优化的关键。这需要从提高原材料的利用效率、减少原材料的浪费和污染、推广使用可再生资源等方面入手。例如，在钢铁行业中，可以推广使用再生钢铁，从而降低能源消耗、减少污染排放等。

第二，优化制造商环节。制造商环节是产业链中最重要的环节之一，其优化的方向包括提高生产效率、降低生产成本、推广使用环保技术和设备等。例如，在汽车制造行业中，可以推广使用新能源汽车、提高生产线的自动化水平、推广使用节能技术和设备等。

第三，优化分销商和零售商环节。分销商和零售商环节是绿色工业产品从制造商到消费者的桥梁，其优化的方向包括提高物流效率、降低物流成本、推广使用环保包装和材料等。例如，在电子产品分销商和零售商环节中，可以推广使用环保包装、提高物流效率、降低物流成本等。

第四，建立完善的绿色工业标准体系。建立完善的绿色工业标准体系是实现产业链优化的关键。这需要政府、行业协会、企业等多方面的共同努力，制定出符合绿色工业发展需要的标准，并推动其广泛应用。例如，在绿色建筑领域，可以制定出符合绿色建筑标准的产品和工艺，并推动其广泛应用。

综上所述，绿色工业的产业链优化与价值创造是实现绿色经济发展的重要手段。从优化原材料生产环节、制造商环节、分销商和零售商环节以及建立完善的绿色工业标准体系等方面入手，可以实现绿色工业产业链的优化，提高绿色工业的价值创造能力，为绿色经济发展做出重要贡献。

三、绿色工业经济的高质量发展策略

第一，加强政策引导。政府应该加大对绿色工业经济的扶持力度，通过制定一系列优惠政策，引导企业转型升级。例如，政府可以对企业进行税收减免，鼓励企业加大研发投入，推动绿色技术的发展。此外，政府还可以设立专项基金，支持绿色产业的发展，为企业提供资金和技术支持。

第二，加大科技创新。科技创新是推动绿色工业经济高质量发展的重要动力。企业应该加大研发投入，积极引进先进技术，提高生产效率，降低能源消耗和污染物排放。为了进一步推动科技创新，政府可以加大对科研机构和高校的支持力度，鼓励产学研合作，为绿色工业经济的发展提供技术保障。

第三，推动产业升级。传统工业经济的发展模式已经无法满足当前的经济需求，所以要推动产业升级，实现绿色工业经济的发展。政府可以引导企业转型升级，发展新兴产业，如新能源、节能环保等，以实现经济的高质量发展。此外，政府还可以加强与产业园区的合作，提供优惠政策，吸引企业入驻，形成绿色产业链。

第四，加强国际合作。绿色工业经济的发展需要全球共同努力。中国应该积极参与国际合作，推动全球绿色工业经济的发展。例如，中国可以积极参与国际环保公约的制定，推动全球环保事业的发展。同时，中国还可以与其他国家开展绿色技术交流和合作，共同应对全球环境问题。

第五，提高公众的环保意识。环保意识的提高是推动绿色工业经济高质量发展的重要因素。政府和企业应该加大环保宣传力度，提高公众的环保意识，推动全社会共同参与绿色工业经济的发展。此外，政府还可以通过制定环保法规，强化环保执法，引导企业履行环保责任。

第四节 绿色服务业经济的高质量发展

一、服务业概述

服务业是指以提供服务为主的经济活动部门或行业，主要包括金融、教育、医疗、旅游、餐饮、住宿、通信、物流等领域。服务业是现代经济体系的重要组成部分，它以提供服务为主导，以满足人们各种需求为宗旨，是社会经济活动的重要表现形式。服务业的发展对于促进经济增长、提高人民生活水平、优化产业结构、推动科技创新等方面具有重要意义。

（一）服务业的特点

第一，无形性。服务业的产品或服务具有无形性，它们往往不是实体物品，主要通过服务产品的非贮存性和非转移性体现，这使得服务在提供之前难以被感知和评估。

第二，高度依赖人力资源。服务业的生产过程主要依赖于各类专业人力资源，如教育、医疗、旅游等领域，专业人员的知识、技能和经验对服务的质量和效率有着直接影响。

第三，高度依赖信息技术。信息技术在服务业中的应用日益广泛，电子商务、云计算、大数据等技术不仅提高了服务的效率，也推动了服务模式的创新。

第四，异质性。由于服务往往由人直接提供，因此服务的质量、风格和特性具有很大的个体差异，这种异质性使得服务难以标准化。

第五，高度创新性。服务业需要不断创新以满足市场和技术的变化，通过创新，服务业能够提高服务质量，拓展服务范围，增强竞争力。

（二）服务业的分类

服务业的分类方式多样，可以从服务内容和服务对象两个维度进行划分。

第一，按服务内容分类。服务业可以分为生活服务、生产服务、公共管理服务、金融服务等多个领域。生活服务包括餐饮、住宿、旅游、娱乐等，与人们日常生活密切相关；生产服务包括物流、仓储、维修、企业咨询等，主要为企业生产提供支持；公共管理服务包括教育、医疗、社会保障等，主要由政府提供，服务于公共利益；金融服务包括银行、保险、证券等，为经济运行提供资金支持。

第二，按服务对象分类。服务业可以分为内部服务业和外部服务业。内部服务业主要为企业内部提供服务，如人力资源管理、企业培训、企业咨询等；外部服务业则主要面向社会公众，如旅游、餐饮、住宿、通信等。

(三) 服务业的经济作用

第一，促进经济增长。服务业作为现代经济的重要组成部分，其发展能够带动相关产业的发展，推动经济增长。同时，服务业的发展还可以促进就业，增加人民收入，进一步推动消费增长。

第二，提高人民生活质量。服务业的发展可以提供更多的就业机会，提高人民的收入水平，从而提高人民的生活质量。同时，服务业还可以提供更多的便利和享受，如旅游、娱乐、教育等，丰富人们的精神文化生活。

第三，优化产业结构。服务业的发展可以推动产业结构的优化升级，促进产业之间的协调发展。随着服务业的比重不断提高，经济结构也将更加合理。

第四，推动科技创新。服务业的发展可以促进科技创新，提高产业的竞争力。例如，信息技术在服务业中的应用，可以推动电子商务、云计算、大数据等技术的发展，进一步推动科技创新。

二、绿色服务业的发展

(一) 绿色服务业的发展现状与趋势

绿色服务业是指以环境保护和可持续发展为导向，以提供绿色、低碳、高效的服务为主旨，通过减少资源消耗和环境污染，提高生产效率和服务质量，促进经济和社会可持续发展的服务业。目前，绿色服务业已经成为全球经济发展的重要趋势之一。在全球范围内，绿色服务业的发展呈现出快速增长的态势。

在中国，绿色服务业也取得了显著的进展。中国政府在近年来不断加大对绿色服务业的扶持力度，出台了一系列政策措施，鼓励企业转型升级，推广绿色技术和绿色产品，加强环保产业的发展。目前，中国已经成为全球最大的绿色产品出口国之一，绿色服务业的发展前景广阔。

（二）绿色服务业的技术创新与产业升级

绿色服务业是当前社会发展的重要方向之一，其技术创新与产业升级是推动绿色服务业高质量发展的重要因素。

技术创新是推动绿色服务业发展的重要手段。随着科技的不断进步，新的技术不断涌现，这些新技术可以被应用于绿色服务业，提高其效率和效益。例如，在环保领域，新的技术可以被应用于废水处理、废气处理、固体废物处理等方面，实现资源再利用和环境保护。此外，新的技术还可以应用于节能减排、清洁能源等方面，推动绿色服务业向更加低碳、高效、环保的方向发展。

产业升级也是推动绿色服务业发展的重要因素。随着消费者对绿色产品和服务的需求不断增加，绿色服务业需要不断地升级，以满足市场需求。产业升级可以包括产品升级、服务升级、产业链升级等方面。例如，绿色服务业可以通过研发新产品、新服务，提高产品的质量和环保性能，满足消费者对绿色产品和服务的需求。此外，绿色服务业还可以通过构建更加完善的产业链，实现资源再利用和环境保护，推动绿色服务业向更加高效、环保的方向发展。

绿色服务业的技术创新与产业升级需要政府、企业、科研机构等各方面的共同努力。政府可以出台相关政策，鼓励绿色服务业的发展，提供资金、技术等支持。企业可以加大研发投入，推动技术创新，实现产业升级。科研机构可以开展相关研究，推动技术创新和产业升级。

总之，只有不断推动技术创新和产业升级，才能实现绿色服务业的可持续发展，为人类社会的可持续发展做出贡献。

（三）绿色服务业的产业链延伸与价值实现

绿色服务业是以环保、节能、低碳为主要特征的服务产业，是绿色经济的重要组成部分。随着全球气候变化和环境污染问题日益严重，绿色服务业的发展已经成为全球共识。

1. 绿色服务业的产业链延伸

绿色服务业的产业链延伸是指通过创新和升级，将绿色服务业的产业链不断延长和拓展，以满足市场需求和提高经济效益。具体来说，绿色服务业的产业链可以分为三个层次：上游是绿色资源的开发和生产，中游是绿色服务产品的研发和制造，下游是绿色服务产品的销售和消费。

（1）上游的绿色资源开发和生产。上游的绿色资源开发和生产是绿色服务业的基础，包括生态保护和资源利用。生态保护和资源利用是指通过保护生态环境、提高资源利用效率、减少污染排放、推广可再生能源等方式，实现可持续发展。

（2）中游的绿色服务产品研发和制造。中游的绿色服务产品研发和制造是指将上游的绿色资源开发和生产转化为绿色服务产品，包括绿色产品的设计、生产和营销。在绿色服务产品研发和制造方面，需要注重技术创新和市场导向，开发出具有竞争力的高质量绿色服务产品。此外，还需要注重绿色服务产品的标准化和品牌化，提高市场认可度和消费者满意度。

（3）下游的绿色服务产品销售和消费。下游的绿色服务产品销售和消费是指将中游的绿色服务产品推向市场，实现经济价值。在绿色服务产品销售和消费方面，需要注重产品推广和渠道拓展，提高市场占有率和销售额。此外，还需要注重绿色服务产品的可持续性和环保性，提高消费者环保意识，促进绿色消费。

2. 绿色服务业的价值实现

绿色服务业的价值实现是指通过创新和升级，将绿色服务业的产业链不断延长和拓展，以实现经济效益和社会效益的双赢。具体来说，绿色服务业的价值实现可以分为两个方面：社会效益和环境效益。

（1）社会效益。绿色服务业的社会效益是指通过提供绿色服务产品，满足社会需求，提高社会福利水平，促进社会和谐发展。例如，绿色餐饮可以提供健康、美味、环保的食品，满足消费者对美食和健康的双重需求；绿色旅游可以提供生态、安全、舒适的旅游体验，满足消费者对旅游和环保的双重需求。

（2）环境效益。绿色服务业的环境效益是指通过提供绿色服务产品，提高环境质量，促进生态文明建设。例如，绿色建筑可以提供节能、减排、低碳的住宅和商业建筑，提高城市环境质量；绿色交通可以提供低碳、安全、舒适的出行方式，减少交通污染和拥堵。

绿色服务业的产业链延伸与价值实现是实现绿色经济的重要手段。通过不断的产品创新和升级，将绿色服务业的产业链不断延长和拓展，可以满足市场需求，提高经济效益，促进社会和谐发展，实现环境效益。

三、绿色服务业经济的高质量发展策略

（一）促进绿色消费

绿色消费以居民健康、环境保护为宗旨，具有和谐性、适度性、节制性、可持续性等特征，不仅包括消费绿色产品和服务，还包括消费全过程中的绿色行为，以及承载消费活动的绿色环境。作为直接服务居民消费的重要行业，绿色服务业成为满足居民绿色消费需求，增强全民绿色消费意识，形成简约适度、绿色低碳生活方式的重要领域。

当前，中国绿色服务业发展在零售、物流、住宿餐饮、建筑、出行等领域取得积极进展，但绿色服务需求仍待激发和释放，促进绿色服务业发展的长效机制尚需完善，亟须提升绿色消费对绿色服务业发展的牵引作用。

1. 提高公众绿色消费意识

（1）将绿色消费纳入全国及各地促消费活动中，结合购物节、消费季等开展主题宣传教育活动，支持新闻、网络媒体对绿色服务业的新模式和经验等进行推广宣传，加强舆论监督，营造良好的绿色消费氛围。

（2）针对新生代消费群体，加强消费者教育，培养青少年科学理性消费观，大力提倡简约适度、绿色低碳的生活方式，反对奢侈浪费和不健康消费，努力营造理性消费、文明消费的社会氛围，引领绿色生活潮流和消费潮流，使绿色生活方式成为社会新风尚。

2. 探索绿色服务业发展新模式

（1）创新绿色服务业业态模式。应用移动互联网、大数据、云计算、物联网等信息技术，推动绿色共享经济从出行、住宿等领域向医疗、养老等领域拓展。

（2）建立绿色流通模式。大力推广节能环保技术，实施绿色门店改造、绿色供应链管理等，优化物流组织配送方式，减少物流、快递包装物浪费和污染，提升绿色流通水平。探索再生资源回收与生活垃圾清运体系的结合，分类构建再生资源回收利用体系，形成政府、企业、行业协会和社会公众共同参与的良性互动机制。

（3）探索旧货交易、共享消费等新型服务业模式。在社区等场所定期开设闲置物品交易市场，或常设二手货市场，依托共享消费平台探索玩具、服装、箱包等消费品易货模式，支持租赁行业发展，培育全新的服务业模式。

3. 完善绿色服务业和绿色消费支持政策

（1）针对绿色消费出台价格、税收、财政、金融等支持政策，制定节水、节能、回收等财政补贴政策，鼓励银行开发支持绿色服务业的信贷产品。

（2）优化人才、法治、科技、文化等支撑政策，创造良好的条件和氛围，为绿色服务业发展提供制度保障。

（3）建立健全决策、执行和监督机制，将绿色服务业发展相关目标纳入国民经济与社会发展规划，加强绿色消费组织领导和促进体制建设，明确工作任务分工和落实，结合绿色服务业发展目标任务，对责任主体进行考核评价。

4. 建立绿色服务业和绿色消费示范试点

（1）选择基础较好的省市建立绿色服务业和绿色消费示范试点，围绕绿色回收、绿色商场创建、闲置物品交换交易等场景，探索绿色消费的创新举措，总结分析试点项目的效果和经验，为全国绿色服务业和绿色消费推广示范。

（2）建立绿色消费统计和评价试点，研究构建绿色商品和服务消费统计评价体系，全面收集统计数据，更加准确地了解绿色消费现状，对绿色消费情况进行持续跟踪评价。

（二）培育与升级服务业

1. 发展循环经济，提高资源利用效率

循环经济是指在生产、流通和消费等各个环节中，通过资源的有效利用、减少废弃物排放、提高资源利用效率，实现经济可持续发展。

（1）推广循环经济理念，提高企业和消费者的环保意识。这可以通过开展循环经济培训、发布循环经济宣传材料、推广循环经济案例等方式实现。

（2）制定和实施循环经济政策，鼓励企业采用循环经济技术和方法，提高资源利用效率。这可以通过设立循环经济专项资金、发布循环经济激励政策、加强循环经济监管等方式实现。

（3）加大对循环经济技术研发的投入，推动循环经济技术的创新和应用。这可以通过设立循环经济技术创新基金、鼓励企业加大研发投入、推动循环经济技术交流等方式实现。

2. 支持绿色技术创新，推动产业转型升级

绿色技术创新是指以环境保护为目标，研发和应用具有节能、减排、环保等特性的新技术和新产品。

（1）加大绿色技术创新的投入，为绿色技术创新提供资金支持。这可以通过设立绿色技术创新基金、鼓励企业加大研发投入、推动政府和社会资本合作等方式实现。

（2）建立绿色技术创新激励机制，鼓励企业加大研发投入，提高绿色技术创新能力。这可以通过设立绿色技术创新奖励、提供税收优惠、设立绿色技术创新联盟等方式实现。

（3）加强绿色技术创新的知识产权保护，保障企业创新成果的合法权益。这可以通过完善绿色技术创新知识产权保护法律法规、加强知识产权执法、提高知识产权意识等方式实现。

3. 优化产业布局，促进绿色产业集聚发展

绿色产业是指以环保、节能、减排为目标，具有较高附加值、较强市场竞争

力、较低环境负荷的产业。

（1）制定和实施绿色产业政策，引导企业转型升级，发展绿色产业。这可以通过发布绿色产业政策、设立绿色产业基金、推动绿色产业园区建设等方式实现。

（2）建立绿色产业集聚区，促进绿色产业的规模化、集约化发展。这可以通过推动绿色产业园区建设、加强绿色产业集聚区之间的合作与交流、提高绿色产业集聚区的整体竞争力等方式实现。

（3）加强绿色产业与相关产业的融合发展，形成产业链、价值链、生态链。这可以通过推动绿色产业与其他产业的深度融合、加强绿色产业技术创新、提升绿色产业的整体竞争力等方式实现。

（三）绿色服务业与区域经济协调发展

1. 优化区域绿色服务业发展布局

绿色服务业的发展需要根据区域特点和资源禀赋进行合理布局，以实现区域经济协调发展。

（1）制定和实施绿色服务业发展规划，明确绿色服务业的发展目标和重点领域。这可以通过发布绿色服务业发展规划、设立绿色服务业发展指导委员会、推动绿色服务业发展规划的实施等方式实现。

（2）加强区域间绿色服务业的合作与交流，共享资源、共担风险，实现区域经济共赢。这可以通过推动区域间绿色服务业的信息共享、加强区域间绿色服务业的合作项目、建立区域间绿色服务业合作组织等方式实现。

（3）推动区域绿色服务业协同发展，形成产业链、价值链、生态链，提高绿色服务业的整体竞争力。这可以通过推动区域间绿色服务业的技术交流与创新、加强区域间绿色服务业的市场合作与竞争、推动区域间绿色服务业的人员培训与交流等方式实现。

2. 推动区域绿色服务业协调发展

（1）加强区域间绿色服务业的政策沟通与协调，形成统一的绿色服务业发展政策体系。这可以通过推动区域间绿色服务业政策交流、建立绿色服务业政策协调机制、推动绿色服务业政策一体化等方式实现。

（2）推动区域间绿色服务业的技术交流与创新，共享绿色服务业的技术成果。这可以通过加强区域间绿色服务业的技术交流与合作、建立绿色服务业技术创新联盟、推动绿色服务业技术转移等方式实现。

（3）加强区域间绿色服务业的市场合作与竞争，提高区域绿色服务业的整体竞争力。这可以通过推动区域间绿色服务业的市场合作、加强区域间绿色服务业的竞争、推动区域间绿色服务业的市场准入与退出等方式实现。

3. 加强区域绿色服务业合作与交流

（1）构建区域绿色服务业合作联盟。这是一个有效的途径，可以促进各区域间绿色服务业的紧密合作与交流。通过设立专门负责推动区域绿色服务业交流与合作的机构，让各地区在这个平台上共享资源、交流经验，进一步推动绿色服务业的发展。此外，加强各区域间绿色服务业的信息共享也至关重要。这可以通过建立信息共享平台，实现各地区间的信息互通，促进绿色服务业的协同发展。

（2）增进区域间绿色服务业的信息沟通与交流。这是全面提升绿色服务业发展质量的关键。强化区域间绿色服务业的信息沟通，构建信息共享平台，以便各地区了解其他地区的发展状况和先进经验。通过推动各区域间绿色服务业的信息交流，实现区域绿色服务业的共赢发展。

（3）促进区域间绿色服务业的人才培训与交流。这是提升从业人员专业素养的重要手段。通过加强区域间绿色服务业的人才培训，提高从业人员的专业素质。同时，推动从业人员之间的交流，可以让他们在互动中学习、成长，进一步推动绿色服务业的发展。此外，还可以鼓励各地区之间的绿色服务业人才交流学习，以提升整体行业水平。

练习与思考

1. 请分析新能源产业链的结构。
2. 请阐述绿色农业经济的高质量发展对绿色经济发展的重要性。
3. 请探讨绿色工业经济的高质量发展对绿色经济发展的作用。

第五章　新技术赋能绿色经济的全面发展

第一节　物联网技术赋能绿色经济信息发展

一、物联网技术概述

(一) 物联网技术的特点

物联网技术，是一种通过信息传感设备，实现物体与物体、物体与人以及人与人之间信息交流与通信的技术。物联网具有智能化利用资源的优点，可以取得巨大的经济效益。[①] 经过几十年的发展，物联网技术已经取得显著的进展。目前，物联网技术已经成为全球科技竞争的焦点之一，中国政府高度重视物联网技术的发展，将其列为战略性新兴产业。物联网技术的特点如下：

第一，智能化。物联网技术使物体具备智能化，可以实现自主感知、自主决策和自主执行。这使得物体之间能够更好地适应环境变化，提高工作效率。

第二，网络化。物联网技术的互联网相融合，使得实体之间能够共享信息，提高协同效率。

第三，安全性。物联网技术对安全性要求很高，因为物体的信息安全和隐私安全关系到人们的生命财产安全。因此，物联网技术需要采取一系列安全措施，如加密技术、身份认证等。

第四，可靠性和实时性。物联网技术需要保证信息的可靠性和实时性，以满足各种应用场景的需求。这要求物联网技术需要具备高可靠性、低延迟和实时响应能力。

第五，节能环保。物联网技术可以实现能源的节约和环境的保护。例如，在

---

① 薛伟. 数字经济与绿色经济的结合——物联网的应用 [J]. 信息化建设，2016 (03)：103.

智能家居领域，可以通过远程控制家庭电器设备，实现节能减排；在智能交通领域，可以通过车辆的智能化管理，减少交通拥堵和尾气排放物。

（二）物联网技术的发展趋势

第一，智能化。随着人工智能技术的发展，物联网技术也在不断地向智能化方向发展。例如，通过人工智能技术可以实现对物品的智能识别、智能控制和智能决策，从而提高物品的智能化水平。

第二，互联网化。随着互联网技术的发展，物联网技术也在不断地向互联网化方向发展。例如，通过互联网可以实现对物品的远程监控、远程控制和远程诊断，从而提高物品的互联网化水平。

第三，安全化。随着物联网技术的广泛应用，安全问题也日益突出，如物联网设备的安全漏洞和数据泄露等问题，需要得到充分的关注和解决。因此，物联网技术的发展趋势之一是安全化。

第四，低功耗。随着物联网设备的数量不断增加，能源消耗也日益增加。因此，物联网技术的发展趋势之一是低功耗。例如，通过采用低功耗的物联网芯片和传感器，可以有效地降低物联网设备的能耗。

第五，标准化。随着物联网技术的广泛应用，标准化问题也日益突出。例如，物联网设备的接口和协议标准需要得到统一和规范，从而提高物联网技术的应用效率和兼容性。

二、物联网技术在绿色经济中的作用和价值

（一）物联网技术在绿色经济中的作用

在绿色经济中，物联网技术具有举足轻重的地位，它有助于提升资源利用效率，推动环境保护和可持续发展。物联网技术能够实时监测能源消耗，通过智能分析优化能源配置，减少浪费。例如，智能电网可借助传感器收集电力使用数据，动态调整电力供应，提升能源效益。智能照明系统能根据环境亮度和人员状况自动调节灯光，节省电能。

物联网技术有助于企业和个人更高效地管理资源，实现资源循环利用。通过传感器收集的数据，可监测设备或产品的使用状态，预测维护和更换需求，从而延长产品寿命，降低废弃物产生。物联网技术还可应用于环境监测，如空气质量、水质、土壤污染等，实时收集数据并进行分析，为环境保护提供科学依据。此外，物联网在野生动物保护方面也具有重要意义，通过追踪动物活动轨迹，保护濒危物种。

物联网技术可以优化交通流量管理，缓解交通拥堵，减少排放问题。智能交通信号灯、智能停车系统等应用有助于优化交通流，减少能源消耗和污染排放。同时，物联网技术推动电动汽车的发展，通过智能充电网络，提升电动汽车的便利性和环保性。

在农业领域，物联网技术通过监测土壤湿度、温度、养分等数据，实现精准灌溉和施肥，提高农作物产量，减少化肥和农药使用，降低对环境的污染。

物联网技术有助于制造业实现智能化生产，优化生产流程，降低资源消耗和废物产生。通过实时监控设备状态，预防故障，减少停机时间，提高生产效率。

在建筑领域，物联网技术可用于建筑物能效管理，通过监测和控制室内环境，提高能源使用效率，减少碳排放。智能建筑还能实现自动化的物业管理，提升居住和工作环境的舒适性和安全性。

（二）物联网技术在绿色经济中的价值

物联网技术在绿色经济中的价值，主要体现在对经济效益的提升、对环境效益的提升以及对社会效益的提升等方面。通过对设备故障的预测性维护，可以降低设备故障率，延长设备使用寿命，减少设备更换成本，提高经济效益。通过对环境的实时监控，可以降低环境污染，减少环境治理成本，提高环境效益。同时，物联网技术的应用还可以提高社会对绿色经济的认识，推动绿色经济的发展，提高社会效益。

三、物联网技术对绿色经济信息发展的影响

物联网技术是一种新兴的技术，可以实现物体之间的智能化连接，为绿色经

济的信息发展提供新的可能性。通过物联网技术，各种设备可以相互连接，实现数据的实时采集和传输，为绿色经济提供更加精准、高效的数据支持。例如，在农业生产中，通过物联网技术可以实现对农田的智能化管理，包括监测土壤湿度、气温、降雨量等数据，从而实现对农田的精细化管理，提高农作物的产量和质量，减少农业资源的浪费。

物联网技术为绿色经济的信息安全提供新的保障。在传统的信息系统中，数据的安全性是一个重要的问题。而通过物联网技术，可以实现对数据的安全加密和传输，从而保障数据的安全性。例如，在智能电网中，通过物联网技术可以实现对电力系统的实时监控和控制，同时对数据进行加密和传输，保障电力系统的安全运行。

物联网技术也为绿色经济的信息共享提供新的途径。通过物联网技术，各种设备可以相互连接，从而实现数据的共享和交换。例如，在智能城市中，通过物联网技术可以实现城市各种设施的智能化连接，实现城市资源的共享和优化配置，提高城市的运行效率和环保水平。

综上所述，物联网技术对绿色经济的信息发展有深远的影响。它为绿色经济提供更加精准、高效的数据支持，保障了信息的安全性，同时也为信息共享提供新的途径。随着物联网技术的不断发展和完善，其在绿色经济中的作用将会越来越重要。

四、物联网技术在绿色经济中的应用

（一）家居能耗管理

物联网技术通过对能源消耗的实时监测和分析，实现了对能源消耗的精细化管理，降低了能源成本，提高了能源利用效率。以家居能耗管理为例，论述物联网技术的应用。

第一，家居系统的自动化控制。家居系统可以实现家电的自动化控制，如智能恒温器根据家庭成员的活动情况和室内温度自动调节暖气或空调的使用，从而减少能源浪费。

第二，能源监测与管理。家庭物联网可以连接能源监测设备，实时监测家庭能源的使用情况，并通过手机 App 等方式向家庭成员反馈能源使用情况，提醒他们合理使用能源，帮助他们了解哪些设备在浪费能源，从而进行调整。

第三，家电控制。家庭物联网可以连接智能家电，如智能洗衣机、智能烤箱等，通过远程控制和智能化调度，实现家电的智能使用，避免能源的浪费。

第四，数据分析与优化。家庭物联网可以通过收集家庭能源使用数据，进行数据分析和优化，找出家庭能源使用的潜在问题和改进空间，提供定制化的能源管理方案，帮助家庭提高能源效率。

第五，用电能耗监测管理系统智慧化。用电能耗监测管理系统利用物联网技术，将各种用电设备连接到云平台上，通过大数据分析，对能耗数据进行挖掘和处理，为用户提供准确的用电情况和节能建议。

通过这些方式，物联网技术不仅提高了家庭的能源利用效率，还有助于节能减排，实现环保和绿色生活的目标。

(二) 农业水资源管理

第一，灌溉系统智能化。物联网技术可以实现对农田环境的实时监测，包括土壤湿度、温度、光照等关键参数。这些数据通过无线通信技术传输到云平台，然后进行分析，以制订个性化的灌溉计划。这样，灌溉系统可以根据作物的实际需求和土壤条件，精确控制灌溉时间和水量，避免过量灌溉造成的水资源浪费。

第二，远程监控和控制。通过物联网技术，农业生产者可以在任何地方通过手机或电脑远程监控和控制灌溉设备。这意味着即使在远离农田的情况下，也可以及时调整灌溉策略，确保作物得到足够的水分，同时也保证了水资源的合理利用。

第三，节水意识培养。物联网技术还可以帮助培养农民的节水意识。通过数据分析和监测结果，农民可以了解到作物对水分的需求，从而合理安排灌溉时间和频率，减少不必要的水资源消耗。

第四，农业物联网系统。一些农业物联网系统还包括了土壤墒情监测、农田气象监测等功能，这些都可以帮助农业生产者更好地理解农田环境，从而制订更合理的灌溉计划。

总的来说，物联网在农业中的应用，特别是水资源管理方面，已经取得了显著的效果。通过灌溉系统智能化、远程监控和控制以及节水意识的培养，物联网技术正在帮助农业生产者更有效地利用水资源，提高农业生产效率，同时也为保护环境做出贡献。

（三）废物管理

第一，垃圾箱智能化。通过在垃圾箱上安装传感器，可以实时监测垃圾箱的填充情况，并通过无线传感网络将数据发送给管理系统，实现对垃圾箱的远程监测。

第二，垃圾收集路线优化。通过监测垃圾箱的填充情况，可以优化垃圾收集路线，减少垃圾收集车辆的空驶率，提高垃圾收集效率。

第三，垃圾分类智能回收系统。利用物联网技术，可以实现垃圾的智能分类，建立常态化的回收奖励机制，规范垃圾运输、处理、调度等，实现对垃圾的科学分类和回收利用。

第四，资源循环利用。物联网技术可以提高废物中可回收物质的识别和分类效率，促进资源的回收和再利用。

第五，环境影响评估。通过长期监测和数据分析，可以评估固体废物管理对环境的影响，为政策制定和环境改善提供依据。

第六，固废管理系统智能化。通过整合固废管理环节，实现信息的无缝对接和共享，增强不同管理部门之间的协作能力，提升管理效率和服务水平。

第七，电子垃圾回收。物联网技术可以用于电子垃圾的回收和处理，通过数字标签等方式，让人们能够更负责任地回收和处置电子废物。

第二节 大数据技术赋能绿色经济数字发展

一、大数据技术概述

随着社会经济的发展和科技的进步，大数据技术已经成为当今世界最热门的技术之一。大数据技术是一种基于海量数据、高速处理和智能分析的技术，可以处理和分析各种类型的数据，如结构化和非结构化数据、实时数据和批量数据等。

（一）大数据技术的特点

第一，海量性。大数据技术可以处理和分析的海量数据是传统技术所无法想象的。例如，全球每天产生的数据量达到了数百 PB 级别，而全球数据中心的数据量也在不断增长。

第二，实时性。大数据技术可以处理和分析实时数据，如社交媒体、物联网、传感器等。实时数据可以帮助企业和个人快速做出决策，并提高效率和响应速度。

第三，智能性。大数据技术可以通过机器学习和人工智能等技术，自动地分析和处理数据，从而实现智能化的决策和优化。例如，在金融领域，大数据技术可以通过机器学习算法来预测股票价格和市场趋势。

第四，可视化性。大数据技术可以将数据可视化，使得数据更加易于理解和解释。例如，在医疗领域，大数据技术可以将患者的历史病历、诊断结果、治疗方案等数据进行可视化，从而帮助医生更好地制订治疗计划。

（二）大数据技术的作用

第一，改善决策制定。大数据技术能够提供更加全面和细致的数据支持，帮助决策者基于大量历史数据和实时数据做出更为精准的决策。在商业领域，企业可以通过分析消费者行为、市场趋势等数据来优化产品策略、定价策略和营销策略。在公共管理领域，政府可以依据大数据分析结果进行城市规划、交通管理、环境监测等。

第二，促进业务创新。大数据技术的应用可以促进业务模式的创新。例如，金融科技公司利用大数据分析用户信用，提供个性化的金融服务；电商平台通过用户购买行为的分析，实现商品推荐和个性化展示，提高用户体验和销售效率。

第三，提升运营效率。通过对企业内部的生产数据、物流数据、库存数据等进行分析，大数据技术可以帮助企业优化供应链管理，减少库存积压，提高生产和配送的效率。此外，大数据还能够辅助企业进行能源管理和设备维护，通过预测性维护减少设备故障和停机时间。

第四，强化风险管理。在金融行业，大数据技术能够帮助银行和保险公司评估和管理风险。通过分析大量的客户数据和市场数据，金融机构可以更准确地识别潜在的风险点，制定相应的风险控制策略。

第五，增强竞争优势。企业可以利用大数据分析竞争对手的行为，了解市场动态，从而制定有效的竞争策略。同时，通过对消费者需求的深入分析，企业能够更好地满足市场需求，提升产品和服务的竞争力。

第六，推动科学研究。在科学研究领域，大数据技术使得研究人员能够处理和分析前所未有的大规模数据集，这对于复杂系统的研究、疾病机理的探索、新药的研发等领域具有重要意义。

第七，社会问题解决。大数据技术还可以应用于社会问题的解决，如通过分析交通流量数据优化交通路线，减少拥堵；利用环境监测数据进行污染源追踪和治理。

二、大数据技术对绿色经济数字发展的影响

随着全球气候变化和环境问题日益严重，绿色经济已经成为各国政府和企业关注的焦点。大数据技术作为一种新兴的技术手段，在绿色经济的发展中发挥着重要的作用。

第一，大数据技术可以为绿色经济提供更加精准的数据支持。传统的绿色经

济数据分析往往依赖于人工收集和分析数据，费时费力，而且数据的准确性和完整性无法得到保障。而大数据技术可以通过收集和分析大量的数据，为绿色经济提供更加精准的数据支持，帮助企业制定更加科学合理的决策，提高绿色经济的发展效率。

第二，大数据技术可以为绿色经济提供更加智能化的管理手段。传统的绿色经济管理手段往往依赖于人工管理，效率低下，而且容易出错。而大数据技术可以通过人工智能、机器学习等技术手段，实现绿色经济的智能化管理，提高管理效率和精度，降低管理成本。

第三，大数据技术可以为绿色经济提供更加全面的监测和预警服务。传统的绿色经济监测和预警能力相对较弱，往往无法及时发现环境问题和风险。而大数据技术可以通过实时监测和预警系统，实现对绿色经济进行全面监测和预警，提高应对环境问题的能力。

第四，大数据技术可以为绿色经济提供更加创新的发展模式。传统的绿色经济模式往往依赖于政府补贴和税收优惠等手段，创新性不足。而大数据技术可以通过分析绿色经济的数据，发现新的发展模式和机遇，促进绿色经济的创新发展。

三、大数据技术赋能绿色经济发展的趋势

（一）数据共享：推动绿色经济的协同创新与资源共享

数据共享能够实现绿色经济领域内的信息交流与资源整合，进而提高绿色经济的运行效率和效益。通过建立大数据平台，各类绿色经济主体可以便捷地获取和分享数据，进一步推动绿色技术的研发、推广和应用。数据共享还可以促进政府、企业、科研机构、社会组织等多元主体的协同创新，形成绿色发展合力。

（二）数据挖掘：为绿色经济决策提供科学依据

数据挖掘作为大数据技术在绿色经济中的重要应用领域，通过对海量数据的分析与挖掘，可以揭示绿色经济发展中的规律和趋势，为政府和企业提供有力的

决策支持。数据挖掘技术可以帮助政府和企业更好地了解绿色产业的现状,发现潜在机遇与挑战,从而制定出更具针对性和实效性的政策举措。此外,数据挖掘还可以为企业提供精准的市场预测,助力企业优化资源配置,降低运营成本,提高绿色产品与服务的竞争力。

(三)数据驱动的绿色技术创新:引领绿色经济发展新方向

大数据技术在绿色经济中的深入应用,将推动绿色技术创新从传统的实验验证模式转向数据驱动的模式。通过收集和分析绿色产业的海量数据,研究人员可以更快速地发现新技术、新方法和新理念,为绿色技术创新提供源源不断的动力。数据驱动的绿色技术创新有望引领绿色经济朝着更高效、更低碳、更可持续的方向发展。

(四)智能化绿色基础设施:提升绿色经济整体竞争力

大数据技术在绿色基础设施领域的应用,可以实现绿色基础设施的智能化、精细化管理,提高资源利用效率,降低能源消耗和环境污染。例如,在城市绿色交通领域,大数据技术可以优化公交线路规划,提高公共交通服务质量,引导市民选择绿色出行方式。在绿色建筑领域,大数据可以助力建筑设计、施工和运行的智能化,实现能源、水资源和材料的高效利用。智能化绿色基础设施的普及,将全面提升绿色经济的整体竞争力。

(五)绿色大数据人才培养:助力绿色经济发展

随着大数据技术在绿色经济中的广泛应用,对具备大数据技能的绿色产业人才需求日益增长。各类教育和培训机构应加强对绿色大数据人才的培养,提高绿色产业从业人员的数据素养,为绿色经济发展提供有力的人才支持。同时,政府和企业也应加大对绿色大数据人才的引进和激励力度,吸引更多优秀人才投身绿色经济领域。

四、大数据审计视角下绿色经济高质量发展

大数据审计,是一种基于大数据技术的数字化审计模式,通过对审计数据的

深入分析，为审计工作提供新的视角和方法。

（一）大数据审计在助力绿色经济高质量发展中的作用

绿色审计，作为绿色经济高质量发展的重要保障，以自然资源信息的真实性为主要审计内容，从经济性、效益性以及效果性等角度对经济活动进行审查，以确保涉及资源环境的经济活动的公允性、合法性和效益性。绿色审计的目的在于实现国家对环境的有效保护，同时实现环境保护与经济发展的双赢战略。

大数据审计为绿色审计提供技术支持。大数据技术的发展和在审计领域的应用，形成了总体分析、发现疑点、分散核实、系统研究的数字化审计模式。大数据审计技术在绿色审计中的关键性作用主要体现在以下几个方面：

第一，大数据审计技术显著提升审计工作的准确性。通过实现从抽样审计向详细审计的转变，大数据审计技术有效地避免了抽查引发的数据不全面、内容不全面等问题。这不仅使得审计结果更加精确，也有利于审计工作的深入进行。

第二，大数据审计技术助力预测性审计的实现。通过识别数据间的相关关系，审计人员可以提前预判潜在的问题，分析问题发生的原因及趋势，从而在问题发生前做出改进，避免再次出现。这种前置性的审计方式，可以大大提高审计工作的效率。

第三，大数据技术为实现审计数据全覆盖提供可能。通过多样化的数据采集方式，审计人员可以全面收集业务数据、财政数据等，为全面覆盖审计提供数据支持。同时，大数据技术还能帮助审计人员节省时间精力，将工作重点集中在数据处理层面。

第四，引入大数据审计技术，可以充分发挥大数据技术的优势，使审计工作变得更加简洁、高效、精准。通过现代科技赋能绿色审计工作，可以期待其提质增效，为发挥审计在助力绿色经济高质量发展中的作用提供有力的技术支持。

（二）大数据审计视角下促进绿色经济高质量发展的对策

1. 树立大数据审计理念，充分发挥大数据审计优势

审计部门必须充分认识到科技强审的重要性，将大数据理念融入审计工作

中，形成大数据审计理念，将大数据审计作为绿色审计工作的必要程序，借助大数据技术的优势，实现绿色审计工作效率和质量的提升。

（1）实现抽样审计向全面审计的转变。在审计工作中，审计人员既需要对结构化数据、管理数据进行审计，也需要对采集资源环境的实物量数据、业务数据等非结构数据进行审计，实现对审计对象各方面数据的全记录，解决传统审计技术对非结构数据束手无策的困境。

（2）实现单维度分析向多维度分析的转变。通过运用大数据技术，对从不同部门、不同领域采集来的海量数据进行关联分析，捕捉数据之间潜在的相关联系，可以发现其中隐藏的审计问题。

2. 完善绿色审计大数据审计平台，为开展绿色审计工作提供支撑

在当前绿色经济快速发展的大背景下，绿色审计已成为推动绿色经济发展的重要手段。为了更好地发挥绿色审计的作用，应完善绿色审计大数据审计平台，为其提供有力支持。通过这个平台，可充分利用大数据审计的优势，从而促进绿色经济的高质量发展。

（1）建设绿色审计信息共享平台。这一平台将成为审计部门收集绿色经济相关信息的有效途径。通过实时、动态地收集数据，审计部门将为绿色审计工作的开展提供坚实的技术基础和数据支持。这不仅有助于提高审计工作的效率，还可以确保审计结果的准确性和可靠性。

（2）强化大数据审计平台的应用是推进数字化审计模式形成和发展的关键。审计人员可以利用大数据技术将审计机关与被审计单位的数据库进行连接，实现对审计所需数据的真实、实时监测。这将极大地提高审计工作的质量和效率，使审计部门能够更好地发挥其监督和促进绿色经济发展的作用。

（3）为了确保绿色审计大数据审计平台的顺利运行，应加强审计人员的培训和技能提升。审计人员需要熟练掌握大数据分析技术，以便更好地利用平台提供的数据支持开展绿色审计工作。同时，审计部门还应加强与相关部门的合作，共同推进绿色审计工作的发展。

总之，完善绿色审计大数据审计平台是推动绿色经济发展的有力举措。通过建设信息共享平台、强化大数据审计平台应用以及提升审计人员素质，为绿色审计工作提供有力支持,促进绿色经济高质量发展。同时,审计部门应不断探索和创新,以适应绿色经济发展的需求,为中国绿色审计事业做出更大贡献。

(三) 加强人才培养,打造高素质大数据审计队伍

审计人员是实施大数据审计工作的主体。为有效地发挥大数据审计的优势、提升绿色工作效能,审计部门必须高度重视大数据审计队伍建设。队伍建设主要包括以下两个方面。

1. 提升现有审计人员的大数据技能

(1) 制订针对性的培训计划。审计部门应围绕大数据审计工作的现实需要,结合审计人员的岗位特点,制订完善的审计人员培训计划。培训内容应包括大数据理论、技术、应用等方面的知识,以满足审计工作中对大数据技术的实际需求。

(2) 实施分层分类培训。针对不同层次、不同岗位的审计人员,实施差异化培训,确保各类审计人员都能掌握适合自己的大数据技能。同时,加强对审计人员的跨学科培训,提高其综合素质和能力。

2. 引进高水平专家和高层次人才

(1) 注重聘请专家。审计部门应结合绿色审计工作的实际,从专业知识、实践经验、团队协作等方面考虑,聘请具有丰富经验和高水平的专家,以优化绿色审计队伍的结构。

(2) 加大人才引进力度。审计部门要关注大数据、绿色审计等领域的人才市场,积极引进具有高级职称、博士学位等高层次人才,构建复合型高端的审计人才队伍。

(3) 构建激励机制。为保持审计队伍的稳定和活力,审计部门应建立科学合理的激励机制,鼓励审计人员提升自身能力、参与科研项目和审计实践,以提高整个队伍的专业水平和业务能力。

加强人才培养,打造高素质的大数据审计队伍,有助于提升绿色审计工作效能,为中国绿色经济发展和生态文明建设提供有力保障。同时,这也符合中国审计事业发展战略和大数据战略的要求,有助于推动审计事业的持续发展。

第三节 人工智能技术赋能绿色经济效率发展

一、人工智能技术概述

人工智能（Artificial Intelligence，简称 AI）是一种模拟人类智能的技术，通过计算机程序来实现对数据的处理、学习、推理和决策等智能行为。随着科技的不断发展，人工智能技术已成为当今社会最为热门的技术之一，其在绿色经济领域的应用也越来越广泛。

（一）人工智能技术的特点

第一，自适应性。人工智能技术能够通过学习和经验积累不断调整自身，以应对不同的任务和环境变化。例如，机器学习算法可以通过大量数据进行训练，提高其在特定任务上的表现。

第二，自主性。人工智能技术具备自主决策和执行任务的能力，无须人类的持续干预。例如，自动驾驶汽车能够在复杂的交通环境中做出实时决策。

第三，复杂性处理能力。人工智能技术能够处理复杂的、非线性的任务，如图像识别、自然语言处理等，这些任务通常涉及大量的数据和复杂的模式。

第四，数据驱动。人工智能技术的进步依赖于大数据和计算能力的提升。通过对海量数据的分析，AI 系统可以发现潜在的模式和规律。

第五，学习能力。通过机器学习和深度学习，AI 系统能够从数据中学习，改进其预测和决策能力，如推荐系统通过用户行为数据不断优化其推荐算法。

（二）人工智能技术的原理

第一，机器学习。机器学习是指计算机通过数据学习规律，进行预测和决策。机器学习包括监督学习、无监督学习和强化学习。

第二，神经网络。这是模拟人脑神经元连接的计算模型，广泛用于深度学习。神经网络通过多层结构处理和提取数据特征，解决复杂任务。

第三，深度学习。深度学习利用多层神经网络进行特征提取和模式识别。深度学习在图像识别、语音识别等领域表现尤为出色。

第四，自然语言处理。自然语言处理是 AI 处理和理解人类语言的技术，其包括语言理解、语言生成、机器翻译等子领域。

第五，计算机视觉。计算机视觉是 AI 处理和分析图像和视频的技术，应用于人脸识别、自动驾驶、医疗影像分析等领域。

第六，强化学习。强化学习是通过奖励和惩罚机制进行学习的技术，广泛应用于游戏 AI、机器人控制等领域。

（三）人工智能技术的功能

第一，自动化处理。人工智能技术能够自动执行复杂和重复的任务，从而提高效率。例如，AI 可以自动处理图像分类、语音识别等任务。

第二，智能决策。通过数据分析和模式识别，AI 能够辅助决策，提供优化方案。例如，在金融领域，AI 可以分析市场数据，辅助投资决策。

第三，预测分析。利用历史数据进行趋势预测和行为预测，如销售预测、故障预测等。

第四，自然语言理解和生成。AI 能够理解和生成自然语言文本，应用于智能客服、语言翻译等领域。

第五，个性化推荐。基于用户行为数据，AI 可以提供个性化的产品和内容推荐，提高用户体验，如电商平台的推荐系统。

第六，机器人和自动驾驶。AI 赋能机器人和自动驾驶汽车，可实现自主导航、路径规划等功能。

第七，图像和语音识别。AI 在图像识别和语音识别方面有显著成就，可应用于安全监控、人脸识别、语音助手等领域。

第八，跨领域应用。人工智能技术正在逐渐渗透到各个领域，如医疗、教育、农业、环保等，助力行业发展和创新。

第九，人工智能与人类协作。人工智能技术不仅可以替代部分人类工作，还可以与人类共同完成复杂任务，提高工作效率和生产力。

（四）人工智能技术的发展趋势

第一，深度学习技术的发展。深度学习是一种基于神经网络的机器学习技术，已经被广泛应用于图像识别、自然语言处理、语音识别等领域。未来，深度学习技术将进一步优化算法和模型，提高准确率和效率，从而实现更加广泛的应用。

第二，自然语言处理技术的应用。自然语言处理技术是一种能够理解、处理和生成人类语言的技术，已经被广泛应用于智能客服、智能翻译、智能写作等领域。未来，自然语言处理技术将进一步应用于语音识别、语音合成、情感分析等领域，实现更加智能化的服务。

第三，机器学习技术的应用。机器学习技术是一种通过学习数据自动提高模型准确度的技术，已经被广泛应用于图像识别、自然语言处理、语音识别等领域。未来，机器学习技术将进一步应用于智能推荐、智能搜索、智能决策等领域，实现更加智能化和个性化的服务。

第四，区块链技术的应用。区块链技术是一种去中心化的分布式账本技术，已经被广泛应用于金融、供应链、版权保护等领域。未来，区块链技术将进一步应用于能源交易、环保监测、智慧城市等领域，实现更加高效、安全、透明的服务。

第五，人工智能与其他技术的融合。人工智能技术与其他技术的融合将成为未来技术发展的重要趋势。例如，人工智能技术与物联网技术的融合可以实现智能家居、智能交通等领域的应用；人工智能技术与5G技术的融合可以实现更加高效、智能的通信服务；人工智能技术与生物技术的融合可以实现更加精准、智能的医疗诊断和治疗服务。

二、人工智能技术在绿色经济中的应用

人工智能作为新一轮科技革命和产业变革的重要抓手，深刻影响着中国绿色

发展的路径选择偏向。[①]

(一) 人工智能技术在绿色能源领域的应用

第一，智能电网。智能电网是绿色经济的重要组成部分，通过引入人工智能技术，可以实现对能源的高效利用和优化调度。人工智能技术可以帮助智能电网实时监测电力系统运行状态，预测电网负荷变化，实现对电网的智能调度，提高电网运行效率，降低能源损耗。同时，人工智能技术还可以通过优化能源供应和需求，实现能源的平衡，减少能源浪费。

第二，智能光伏。智能光伏是利用人工智能技术提高光伏发电效率的重要手段。通过引入人工智能技术，可以实现对光伏发电设备的实时监测和故障诊断，提高光伏发电设备的运行效率。同时，人工智能技术还可以通过优化光伏发电设备的布置和运行策略，提高光伏发电设备的发电效率，降低能源消耗。

(二) 人工智能技术在绿色交通领域的应用

第一，智能交通。智能交通是绿色经济的重要组成部分，通过引入人工智能技术，可以实现对交通的高效管理和优化。人工智能技术可以帮助智能交通系统实时监测交通流量、路况等信息，实现对交通的智能调度，提高交通运行效率，降低能源消耗。同时，人工智能技术还可以通过优化交通路线规划和出行方式，实现绿色出行，促进绿色经济的发展。

第二，智能驾驶。智能驾驶是绿色交通的重要发展方向，通过引入人工智能技术，可以实现对汽车的高效管理和优化。人工智能技术可以帮助智能驾驶系统实时监测车辆运行状态、路况等信息，实现对汽车的智能调度，提高汽车运行效率，降低能源消耗。

[①] 周杰琦，陈达，夏南新. 人工智能对绿色经济增长的作用机制与赋能效果——产业结构优化视角 [J]. 科技进步与对策，2023，40（04）：45-55.

(三) 人工智能技术在绿色工业领域的应用

1. 智能工厂

智能工厂是工业4.0的重要组成部分，它将人工智能技术与工业生产相结合，实现了生产过程的智能化、自动化和高效化。在智能工厂中，人工智能技术发挥着至关重要的作用，为绿色工业生产带来前所未有的变革。

(1) 人工智能技术可以帮助智能工厂实时监测生产设备运行状态、生产流程等信息。通过安装传感器和摄像头，工厂可以对生产设备进行实时监控，收集设备的运行数据。人工智能技术对这些数据进行实时分析，可以及时发现设备的故障和异常，预测设备的维护需求，从而降低设备的故障率，提高设备的运行效率。同时，通过对生产流程的实时监控，人工智能技术可以及时发现生产过程中的瓶颈和问题，为生产调度提供依据，优化生产流程，提高生产效率。

(2) 人工智能技术可以实现智能工厂对绿色工业生产的智能调度。在传统的工业生产中，生产调度往往依赖于人工经验，效率低下且容易出错。而通过人工智能技术，工厂可以对生产任务进行智能分配，实现生产资源的优化配置。例如，通过对生产数据的实时分析，人工智能技术可以预测生产任务的时间需求，合理分配生产资源，避免生产过程中的拥堵和浪费，提高生产效率。

(3) 人工智能技术还可以通过优化生产工艺和流程，实现资源循环利用，促进绿色经济的发展。在智能工厂中，人工智能技术可以对生产过程中的能源消耗、废弃物产生等进行实时监控和分析，为工厂提供节能减排的解决方案。例如，通过对生产数据的分析，人工智能技术可以发现能源消耗的瓶颈，为工厂提供节能措施，降低能源消耗。同时，通过对废弃物的分析，人工智能技术可以提出资源循环利用的方案，实现废弃物的资源化，减少环境污染。

(4) 人工智能技术还可以提高智能工厂的生产安全性。在传统的工业生产中，生产安全一直是企业关注的重点。而通过人工智能技术，工厂可以对生产环境进行实时监控，及时发现安全隐患，预防事故的发生。例如，通过对生产现场的监控，人工智能技术可以识别不规范的操作行为，提醒工人注意安全，降低事故的发生率。

2. 智能制造

智能制造是绿色工业的重要发展方向，通过引入人工智能技术，可以实现对制造业的高效管理和优化。智能制造是制造业发展的重要方向，它基于新一代信息技术，贯穿设计、生产、管理、服务等制造活动的各个环节，实现制造过程的高效、优质、绿色和个性化。智能制造的核心是信息化和工业化深度融合，通过集成创新，推动制造业向数字化、网络化、智能化发展。

（1）智能设计。智能制造通过计算机辅助设计（CAD）、虚拟现实（VR）、增强现实（AR）等技术，实现产品设计的智能化。设计师可以在虚拟环境中进行产品设计和仿真，减少实物原型制作次数，缩短产品研发周期。

（2）智能生产。智能制造利用物联网（IoT）、大数据、云计算等技术，实现生产过程的智能化。生产设备装有传感器和执行器，实时采集数据并进行分析，优化生产流程，提高生产效率和产品质量。

（3）智能管理。智能制造通过企业资源规划（ERP）、供应链管理（SCM）、客户关系管理（CRM）等系统，实现管理活动的智能化。企业可以实时掌握生产、库存、销售等环节的信息，提高决策效率和管理水平。

（4）智能服务。智能制造通过远程监控、故障预测、在线维护等技术，实现售后服务的智能化。企业可以实时监控产品运行状态，提前发现潜在问题，提供主动式服务，提高客户满意度和忠诚度。

（5）智能制造新模式。智能制造推动制造业向个性化定制、网络化协同、服务化延伸等新模式发展。个性化定制，满足消费者多样化需求；网络化协同实现产业链上下游企业紧密合作；服务化延伸拓展企业价值链，提高盈利能力。

三、人工智能对绿色经济效率的影响和作用机制

技术创新是提升绿色经济效率的关键。现阶段，具有新一代通用技术属性、强溢出效应和高发展潜力的人工智能技术无疑是驱动绿色技术创新的核心力量和重要支撑。人工智能依据深度学习、规律识别和自主决策等智能化技术，立足大数据、云计算和物联网等智能化技术驱动的研发平台，不仅能实现对传统技术的改造替换，还会在与应用部门间技术的融合发展中加速演变、迭代升级，催生出

更环保更清洁的先进技术,进而提升生产过程中节能降耗水平,增强减排增效及绿色发展意识,最终推动全社会向节能低碳的行为方式转变。

(一) 人工智能的经济增长效应

AI通过提高生产效率、优化资源配置、创新商业模式等方式,为经济增长注入了新动力。

在生产效率提升方面,人工智能技术的应用使得生产过程更加智能化、自动化,从而提高劳动生产率。特别是在制造业、农业、服务业等领域,人工智能技术的融入使得传统生产方式发生了根本性变革,推动产业结构的优化升级。

在资源配置优化方面,人工智能技术通过对大数据的深度分析,能够实现对资源的高效配置。例如,在交通领域,人工智能技术可以实现智能交通管理,缓解拥堵问题,提高道路通行能力。

在商业模式创新方面,人工智能技术为各行各业带来前所未有的变革。以零售业为例,人工智能技术通过大数据分析,实现了精准营销、智能推荐,为消费者提供个性化服务,从而提高企业的市场竞争力。

(二) 人工智能对绿色经济效率的影响

技术变革能够实现绿色发展转型、提升绿色经济效率。先进的技术手段、良好的技术运转模式及有利的技术创新氛围能够促进资源循环利用和污染控制,实现生产过程节能减排和绿色高效;引领和带动产业链上、中、下游各环节企业朝绿色化、低碳化方向发展,从产业链全面延伸整体网络上系统推动绿色经济效率改善;为战略性新兴产业的发展提供先决条件,推动形成可持续发展的生态化生产模式,强化经济效率的提高与环保功能。

1. 基于生产方式变革层面

(1) 以"机器换人"为主要特征的智能技术发展,加速了智能化、数字化设备的投入,优化了生产流程,通过不断改进生产中的参数助推企业生产方式变革,改进生产效率,并对企业利用更多要素资源进行创新技术研发,推动企业在生产组织结构、生产管理方式、生产服务模式等系列生产节点整体向绿色发展迈进具有促增作用。

（2）人工智能通过自学习、自适应和自行动属性能应对生产活动的复杂性，重构服务和生产流程。"智能思维"监控的全流程生产实现生产方式从传统的人工控制向先进的智能化控制转变，不仅从全局层面加强了对生产流程的精准检测，实现源头污染控制，还能利用动态感知与科学决策能力提前预知高污染、高能耗生产环节信息，提供改进生产工艺流程的优化方案，形成对污染的事先防控，进而带动绿色生产效率提高。

2. 基于产业链条关联层面

在当前全球绿色经济转型的背景下，人工智能（AI）技术在产业链条关联方面的应用日益凸显其价值。基于产业链条关联层面，人工智能技术对绿色经济效率的提升具有重要意义。

（1）人工智能技术能实现产业链智能化管理，优化产业链布局，提高产业链整体效率。通过运用大数据、云计算和机器学习等技术，AI可以帮助企业实现对产业链各环节的实时监控和分析，从而提高产业链的管理效率。此外，人工智能技术还可以为企业提供精准的预测和决策支持，有助于企业优化资源配置，降低生产成本，提升产业链整体竞争力。

（2）人工智能技术能推动产业链上下游企业的协同创新，实现绿色技术的研发和应用，提高产业链的绿色化水平。人工智能技术在研发设计、生产制造、产品服务等环节的应用，可以降低能源消耗和环境污染，促进产业链向绿色化转型。此外，人工智能技术还可以为企业提供智能化的生产优化方案，助力企业实现绿色生产，降低碳排放。

（3）人工智能技术能实现产业链全球化布局，促进国际绿色技术交流与合作，提升全球绿色经济效率。人工智能技术具有跨地域、跨文化的特点，可以有效促进国际绿色技术交流与合作。通过国际合作，各国可以共享绿色技术成果，加快绿色技术创新和应用。同时，人工智能技术可以帮助企业更好地融入全球产业链，提高我国在全球绿色经济竞争中的地位。

3. 基于经济系统效益优化层面

人工智能技术在经济系统效益优化方面的应用，对绿色经济效率的提升具有显著作用。

（1）人工智能技术能够通过智能化决策，优化经济系统的运行效率。在能源领域，人工智能技术可以实现能源需求的精准预测和能源供应的优化调度。具体表现在以下几个方面：

第一，人工智能技术可以对海量能源数据进行高效分析，为政策制定者提供准确的能源需求预测，以便更好地进行能源规划和管理。

第二，人工智能技术可以通过优化能源供应和需求的匹配，提高能源利用效率，降低能源浪费。

第三，人工智能技术在智能电网方面的应用，可以实现对电力系统的实时监测和优化控制，提高电力系统的运行稳定性和可靠性。

（2）人工智能技术在绿色金融领域的发展也具有重要意义。通过大数据分析和智能化决策，人工智能技术可以实现对绿色项目的精准评估和风险管理，提高绿色金融的效益。具体表现在以下几个方面：

第一，人工智能技术可以帮助金融机构准确评估绿色项目的投资价值和风险，为绿色项目提供更有力的金融支持。

第二，人工智能技术可以提高绿色金融产品的透明度，便于投资者了解和跟踪绿色项目的进展和成效。

第三，人工智能技术在绿色金融领域的应用，有助于推动绿色产业的发展，促进经济结构的优化升级，实现可持续发展。

四、人工智能提升绿色经济效率的策略

（一）产业结构升级与绿色经济效率

随着智能技术快速迭代、智能服务广泛落地以及智能网络空间无限延伸拓展，人工智能可以实现传统产业不同经营领域和生产环节的科技化、智能化、信息化与自动化，带动产业结构升级。

第一，人工智能可以借助自身"类人思维"自主决策机制、自主学习和自动管理机制、远程反馈机制等手段参与生产流程的全部环节，使原先机械化、刚性

化和规模化粗放型生产模式和组织运行方式在适应新技术、新手段过程中得以改造、调整和适应，提升产业组织的柔性生产能力和韧性组织经营能力，提高产业内主体的资源利用效率及全要素生产率，促进了产业结构升级。

第二，智能产业的迅速发展不仅形成了特有的产业链条与组织架构，同时打破了市场固有的清晰生产边界，适度吸收上下游相关乃至非相关行业，形成以迭代式技术、技艺、技能作为运行支撑的新产业、新业态，这些新兴业态为现有产业结构注入新的能量，为产业体系增添新鲜活力与生命力，最终带动产业结构升级。

人工智能推动产业结构升级有利于破除国内低端制造业锁定，催生先进智能化制造业，特别是通过有效需求拉动效应和新职位创造效应推动智能化生产性服务业发展，这些新兴产业不但能更高水平地实现节能环保，且提供的产品也具备"绿色"属性，从而在资源节约和环境绩效提升的同时有效推动经济增长，显著提升绿色经济效率。此外，以数字化、智能化技术为依托，向产业层次更高水平迭代的新产业结构模式，在能源利用和消费结构上，能够扭转传统高能高耗产业的生产惯性，并通过自主操控和深度学习有效减少低端制造业能源投入冗余，提高能源效率，从能源结构效应方面为绿色经济效率改善做出边际贡献。

（二）人力资本水平提升与绿色经济效率

技术与人力资本有效契合、合理匹配才能产生最大的边际生产力。人工智能在提升生产效率、增加生产复杂度的同时，基于高技术和高强度资本性投入属性，必然伴随着劳动力结构的调整与升级，并且，当生产进一步向自动化与智能化发展延伸，只有知识结构中专业理论知识突出的优质人力资本才能更好地与新型技术契合。人工智能可以通过机器学习不断进行算法优化、迭代升级，不断增强对工作的适应性，从而会在较大范围普遍替代简单化、可重复性强的程序化工作，这就倒逼劳动者必须不断学习新知识、新技能来增强自身人力资本储备，以便保持自身竞争力，在劳动力市场中赢得主动。

更高水平的人力资本能够更好地掌握和利用各类物化形式呈现的先进技术，包括清洁生产技术、节能降耗技术以及治污减排技术等，从而不仅更有效地将技术创新成果转化为产业发展的新动能，还实现了资源节约和环境保护的绿色诉求。更高水平的人力资本在环保需求、治污理念和绿色产品等诸多方面具备较高能动性，必然会要求更严格的环保措施和更清洁的产品生产方式，这会倒逼经济系统中各方主体采取更有效的解决对策，从而共同为绿色经济效率提升努力。

（三）绿色技术创新与绿色经济效率

1. 人工智能可以推动绿色技术创新

当人工智能被广泛应用于企业生产、运输、销售及售后服务等各个环节，会使企业达到智慧发展与经营，降低了运行成本，企业进行绿色技术创新研发更具资金优势。同时，借助智能技术所具有的外溢性和共享性特征，使模仿变得更容易，任何外在绿色技术都会被以更快的速度吸收、转化和运用。

智能网络相互关联，有利于打造集数字化、智能化为一体的创新发展平台，不仅可为绿色技术创新提供有效支撑，还可发挥对绿色技术、绿色产品等的聚合功能，打造多元广泛的绿色技术创新系统。此外，人工智能的广泛连接性为技术流动、转化提供便利的渠道，有利于各类企业进行技术经验共享和知识传播分享，为绿色技术创新奠定活跃的创新氛围。

2. 绿色技术创新能够助推绿色经济效率提升

（1）绿色技术的突出优势是其技术与设备的先进性、节能性及环保性，它不仅可以有效地推动高能高耗产业的环保转型，还可通过对现有产业的调整、优化和改造，有效提高生产要素的利用和配置效率，实现绿色生产。

（2）绿色技术创新具有良好的环境适应性，能够不断迭代升级，应对环保诉求。类型多样的企业主体可以灵活地选择适合自身生产经营特点绿色技术，在规避更高环境压力时能够合理保障生产运行，最终提高绿色经济效率。

（3）当绿色技术创新广泛应用于生产生活时，能够助推企业绿色生产，带动其实现绿色管理，加大生产、流通、管理和服务等经营全过程的节能力度和降低能源强度，并且还能推动能源消费绿色化，从生产端和消费端减少资源消耗，同时催生出新的能源消费方式，进一步助力绿色发展，为提升绿色经济效率做出边际贡献。

第四节　区块链技术赋能绿色经济协同发展

一、区块链技术概述

（一）区块链技术的含义

区块链技术是一种新型的分布式账本技术，具有去中心化、不可篡改、安全可靠等特点。它是由多个节点共同维护的分布式数据库，每个节点都保存着完整的账本记录，并且只有经过节点共同验证和授权才能进行交易。

区块链技术是一种分布式数据存储和处理的技术，它通过加密算法和网络共识机制，实现数据的去中心化存储和传输。其核心思想是将数据以一系列按时间顺序排列的"区块"形式存储，并通过网络中的多个节点共同维护数据的完整性和一致性。每个区块包含一定数量的交易记录，并与前一个区块通过加密的方式链接起来，形成一个不断延伸的链条，即"区块链"。

区块链技术最初被设计用来支撑数字货币比特币，但其应用范围已远远超出了最初的设想。如今，区块链技术被广泛应用于数字货币、智能合约、供应链管理、身份验证、数据共享等多个领域，被视为未来互联网和数字经济的重要基础设施之一。

（二）区块链技术的特征

第一，去中心化。区块链技术的最显著特征是去中心化。在传统的中心化数据库系统中，数据通常由一个中心服务器或一组服务器管理，而在区块链系统中，数据分布在网络的多个节点上，每个节点都保留着一份完整的数据副本。这种去中心化的结构使得区块链系统更加透明、安全，并且不容易受到单点故障的影响。

第二，数据不可篡改。区块链技术使用加密算法，确保一旦数据被写入区块，就几乎无法被篡改。每个区块都包含前一个区块的哈希值，这种链式结构保证了数据的完整性。如果想要修改某个区块中的信息，就需要重新计算该区块及其后所有区块的哈希值，这在计算上是不可行的。因此，区块链技术提供了一种高度安全的数据存储方式。

第三，共识机制。区块链系统中的所有交易都需要通过网络中的节点达成共识后才能被确认。不同的区块链可能采用不同的共识机制，如工作量证明、权益证明等。这些共识机制确保了网络中的所有节点都能够对交易记录达成一致，从而维护区块链的统一性和可靠性。

第四，透明性和可追溯性。由于区块链的所有交易记录都是公开的，任何人都可以查看区块链上的数据和历史交易。这种透明性增强了系统的信任度。同时，每一笔交易都可以追溯到其发生的时间和地点，这使得区块链成为追踪资产和验证交易的理想工具。

第五，智能合约能力。许多区块链系统能够支持智能合约，这是一种自动执行合同条款的程序。智能合约允许在满足特定条件时自动执行交易，这些条件由代码定义，无须人工干预。智能合约的应用可以极大地提高交易效率，减少交易成本，并且在某些情况下，可以消除中介机构的参与。

二、区块链技术在绿色经济中的应用

区块链技术是一种分布式账本技术，具有去中心化、安全性、透明度和不可篡改性等特点，因此在许多领域都有广泛的应用。

（一）绿色能源交易

绿色能源交易，作为一种新兴的环保理念和先进的技术结合产物，正逐渐成为推动可再生能源行业发展的重要力量。这种交易方式利用了区块链技术，即通过一个去中心化的数据库来记录所有参与者的交易信息，这些信息经过加密、验证后被永久存储，无法被篡改。

在绿色能源交易中，区块链扮演着关键的角色。首先，它能够确保交易的透明性，因为所有的交易记录都是公开的，任何人都可以查看。这一点对于增强消费者对可再生能源产品的信任至关重要。其次，由于区块链具有不可篡改的特性，因此它可以有效地防止欺诈行为，保障交易的安全性。此外，区块链还能降低交易成本，因为它消除了中间商的需求，直接连接买家和卖家，简化了交易流程。

绿色能源交易不仅仅是买卖双方的交易行为，它还包括了对可再生能源的跟踪和记录。例如，区块链技术可以用来追踪太阳能和风能等可再生能源从生产到消费的全过程。这样，消费者可以清楚地知道自己使用的电力是如何产生的，是否真正来自可再生资源。这种做法增加了可再生能源的可追溯性，使得绿色能源的真实性和可靠性得到了保证。

此外，绿色能源交易还有助于实现可持续发展目标。通过区块链技术记录的数据可以帮助政府和企业监控和管理可再生能源的生产和使用情况，从而制定更加有效的能源政策和投资决策。同时，它也鼓励了个人和企业投资于可再生能源项目，因为他们可以确信自己的投资是安全和值得的。

(二) 绿色金融

绿色金融是指以环境保护和社会可持续发展为导向的金融活动。区块链技术可以用于绿色金融交易，如绿色债券、绿色保险等。通过区块链技术，可以实现绿色金融交易的快速、安全、高效和透明。区块链技术还可以用于记录绿色金融交易的信息，确保绿色金融交易的可持续性和可信度。

1. 共同监管

由于绿色金融具有外部性，需要政府监管部门、社会和公众的共同监管，但是各监管主体与监管对象之间存在信息不对称的问题。一是政府监管部门与绿色金融主体之间存在信息不对称，导致企业或金融机构出现监管套利行为。从绿色金融政策体系来看，绿色金融政策、环境治理政策和产业发展政策分属不同政府部门，金融监管部门与政府其他部门之间需要协调和沟通。相比绿色金融市场交易的直接参与者，政府监管部门处在信息劣势地位，无法充分掌握与绿色金融的审批、资金流向、减排效果等相关的信息资料，降低了监管效率。二是公众、中介机构、媒体等主体的信息劣势也降低了对绿色金融外部监督的有效性，使"漂绿"行为无法得到及时发现和纠正。区块链的共识机制就是通过共识算法，在决策权高度分散的去中心化系统中使各个节点高效地达成共识。区块链使用分布式模式以及价值激励，使点对点协作成为可能，从而建立起广泛的参与机制，对于解决多方合作问题具有突出优势。政府部门、金融机构、信用评级机构、环境认证机构、公众、媒体等都可以作为区块链系统的节点，从而形成对绿色金融的多元监督体系。

2. 提升透明度和可追踪性

在绿色金融领域，区块链技术的主要优势在于提高资金流向和项目实施的透明度与可追踪性。通过将绿色项目的资金流动和结果记录在区块链上，使所有项目相关方（投资者、项目执行者和监管机构等）都能实时访问这些信息。在提高绿色项目透明度的同时，区块链还能有效降低"绿色洗钱"的风险，从而确保资金能够被用于真正的环保项目。在整个资金的流动过程中，写入区块链的智能合约会自动执行交易并存储交易数据，以此提高项目资金使用的透明度。

3. 降低运营成本

区块链技术能够通过自动化和去中心化的特性，显著降低绿色金融项目的运营成本。利用区块链技术，可以将绿色金融项目产生的数据存储到区块链上，实现整个业务流程不可干预，自动转移绿色资产中相关的资金、货物等，减少手动处理交易和合同的环节，从而降低行政成本和时间成本。相关的金融机构在对绿色项目进行审查时，能通过区块链技术的相关设置迅速地查询与调用完整的信息，从而帮助金融机构获得高质量的审查结果。

4. 促进环境数据的准确性和共享性

区块链技术是一种记录和共享环境数据的有效工具。绿色项目的碳排放数据、能源消耗等环境影响指标数据的准确性和可靠性，对于评估绿色项目的实际效益至关重要，运用区块链技术中的共识机制可以保证储存在链上的数据信息的真实性。同时，通过统一标准要求相关企业定性定量披露信息，实现数据信息联盟共享，可以有效降低信息不对称，提高环境数据的准确性和共享性。

(三) 绿色供应链管理

区块链技术还可以用于绿色供应链管理。绿色供应链管理是指以环境保护和社会可持续发展为导向的供应链管理。区块链技术可以用于记录绿色供应链中的产品信息、供应商信息、物流信息等，确保绿色供应链的可追溯性和可持续性。区块链技术还可以用于监测供应链中的能源消耗和环境影响，促进供应链的绿色化。

区块链技术在绿色经济中的应用还有很多，如智能电网、碳交易市场、绿色交通等。区块链技术可以为绿色经济提供更加安全、高效、透明和可持续的支持，推动绿色经济的全面发展。区块链技术在绿色经济中的应用具有广泛的前景。它不仅可以提高绿色经济的透明度和可信度，还可以促进绿色经济的可持续发展。因此，区块链技术将成为未来绿色经济发展的重要技术之一。

三、区块链技术对绿色经济协同发展的影响

区块链技术作为一种新兴的分布式账本技术，可以为绿色经济的发展提供重要的支持。在绿色经济协同发展的过程中，区块链技术可以发挥出其独特的优势，促进各个领域之间的合作和协作，推动绿色经济的全面发展。

在绿色经济协同发展的过程中，各个领域之间需要进行大量的数据交换和共享，区块链技术可以提供去中心化的智能网络，使得各个领域之间的数据和信息可以自由流通，促进了各个领域之间的合作和协作。例如，在能源领域，区块链技术可以提供智能电网，使得各个能源生产者和消费者之间的交易更加透明和高效，促进了能源领域的合作和协作。

区块链技术可以提供安全可靠的数据存储和共享机制，保证了数据的安全性和隐私性。在绿色经济协同发展的过程中，各个领域之间需要进行大量的数据交换和共享，但是由于数据的重要性，必须保证数据的安全性和隐私性。例如，在环境监测领域，区块链技术可以提供安全可靠的数据存储和共享机制，保证环境监测数据的准确性和可信度。

区块链技术还可以提供智能合约和自动化执行机制，使得合作更加高效和便

捷。在绿色经济协同发展的过程中，各个领域之间需要进行大量的合作和协作，但是由于各种原因，合作可能会面临一些障碍和困难。例如，在能源交易领域，区块链技术可以提供智能合约和自动化执行机制，使得能源交易更加高效和便捷。

四、区块链技术赋能绿色经济协同发展的路径

（一）融合区块链与可再生能源交易

利用区块链平台，可以创建一个透明、高效的可再生能源平台，能够处理大量交易并确保所有交易安全和透明。首先，基于区块链不可篡改、透明、去中心化的特点，可再生能源项目所有的信息都将被安全地储存到可再生能源交易平台上，所有与项目相关方都可以获取信息，判断并决定是否进行投资、购买等行为。其次，智能合约能够自动结算能源交易，确保交易的迅速和准确。最后，为了进一步推动区块链与可再生能源交易的融合，需要有相应的法律和监管框架。政府和监管机构需要制定规则和标准，包括确保数据的安全性、保护消费者权益、建立相应的税收和补贴政策，以确保区块链在能源交易中的应用既安全又有效。

（二）农业项目众筹平台

农业众筹的绿色金融是新发展理念在乡村振兴战略中的具体体现。将区块链技术应用到农业众筹中，能够有效解决目前农业发展所面临的问题，提高农业众筹的市场准入门槛，为农业投资和资金管理提供新的可能性。

第一，区块链上记录的每一笔交易都是公开且不可篡改的，这意味着投资者可以实时追踪其资金的使用情况。农业众筹发起者甚至可以用区块链来记录农产品从田间到餐桌的每一个步骤，以此增强消费者对产品质量的信任。

第二，区块链技术通过智能合约自动化农业众筹的融资和支付过程，在满足特定条件时自动释放资金，减少人工操作。同时，小规模农户也能参与甚至发起农业众筹项目，有助于实现更大规模的资金筹集。

第三，运用区块链的分布式账本能提高对资金的追踪和管理能力。区块链提供一个分布式账本，并在每个节点上存储所有交易的记录，每次资金流动都会被

记录下来，并且对所有参与者可见，可以实时记录和监控众筹的资金流向和使用情况，确保资金被正确地用于指定的农业项目。在江苏省××县农村土地经营权抵押贷款专项资金的应用案例中，区块链技术被应用于农村土地经营权抵押贷款的专项资金中：第一，农户将土地及个人信息记载到区块链系统中，并向产权交易市场递交申请材料；第二，产权交易市场对农户的资料进行核查后，再发布该项交易信息，同时实时将数据发送给金融机构；第三，金融机构基于收到的信息进行风险的评估；第四，监管机构监管绿色项目的整个过程。该案例突出了区块链技术在农业众筹和金融服务中的实际应用，尤其是在提高透明度、效率和安全性方面的潜力。

（三）基于区块链的碳交易

区块链拥有不可篡改、透明、去中心化的特点，能够为完善碳交易机制、构建创新碳交易体系提供高效的方案。

第一，在碳交易项目中引入区块链后，交易双方可以根据自身的发展需求制定对应的合同条款，并将其加入智能合约程序之中。当出现交付时间到期、交易预期违约等合同预设的情形时，智能合约将自动执行预设的操作，兑现合同中的约定。

第二，碳排放权的发行、交易和追踪都可以通过区块链进行。区块链具有不可篡改性与可追溯性，整个业务过程产生的数据都会被真实、完整地存储在区块链上，从而提高市场的完整性和减少欺诈行为。

第三，区块链的链表式数据结构能为碳交易数据的真实性提供技术保障。以碳排放的核算数据为例，其数据一旦上传到区块链，就会被分布在链上的每一个节点以验证和存储，并受到实时监控，发生变动时其他节点会实时获取和验证。由于区块链上所有的数据都可以追溯，区块链的所有参与者可以追溯每一次数据的变动情况，有利于避免个别主体篡改碳排放的数据情况，极大地提升了碳排放核算数据的准确性。

（四）环境监测和报告

在绿色金融领域，环境监测和报告使金融机构能够更准确地评估潜在投资的环境风险，从而制定更加合理的投资决策。而将区块链技术应用到环境监测和报告的工作中，尤其是与绿色金融领域相关的方面，具有显著的效果。将区块链技术与物联网设备相结合，通过安装传感器、摄像头、雷达、射频识别、CPS等设备来监测空气和水质指标、碳排放量等，并将收集到的数据通过物联网技术存储到区块链上。区块链的智能合约可以自动化执行特定的数据管理任务，当处于正常工作状态的设备收集到某个环境监测站点记录到超过预设阈值的污染水平时，智能合约可以自动触发警报和报告流程。企业和组织可以使用区块链技术来证明其在环境方面的合规性。

练习与思考

1. 请分析物联网技术赋能绿色经济信息发展的方式及其影响。
2. 请阐述大数据技术赋能绿色经济数字发展的重要性。
3. 请探讨人工智能技术赋能绿色经济效率发展的作用。

第六章　绿色经济文化的特色发展与实践研究

第一节　茶文化绿色经济金融管理模式思考

一、茶文化的特性

茶文化是中华民族传统文化的重要组成部分，是茶产业的精神支柱。茶文化是一种独特的文化现象，具有丰富的文化内涵和深厚的文化底蕴。茶文化在中国有着几千年的历史，不仅是中国传统文化的重要组成部分，也是东方文化的重要代表之一。

第一，融合性。茶文化具有极强的融合性，它不仅吸收了中国传统文化的精髓，还融合了各地的民俗风情，形成丰富多样的茶文化形态。在中国，不同的地区有着不同的茶文化，如福建的闽南茶文化、广东的潮汕茶文化、四川的川茶文化等。这些茶文化在茶道、茶艺、茶具、茶礼等方面都有所不同，但都体现了中国茶文化的融合性。

第二，包容性。茶文化具有极大的包容性，它不仅包括了茶的生产、加工、品饮等方面，还涵盖诗词、书画、音乐、舞蹈等多种艺术形式。茶文化在中国古代文人的生活中占据了重要地位，许多文人墨客以茶会友、以茶论诗，创作了大量与茶相关的诗词、书画作品。这些作品不仅丰富了茶文化的内涵，也体现了茶文化的包容性。

第三，社交性。茶文化具有显著的社交性，它是一种交际工具和社交媒介。在中国古代，茶馆是人们交流思想、谈论时事、结交朋友的重要场所。人们在品茶的过程中，可以畅谈国事、家事、天下事，增进了彼此的了解和友谊。茶文化强调的"和敬""清雅"等价值观，也促进了社会的和谐与稳定。

第四，审美性。茶文化具有独特的审美性，它追求自然、简约、和谐的美。

在茶道、茶艺、茶具等方面,都体现了这种审美观念。例如,茶道讲究动作的优雅、流畅,茶艺强调茶与水的交融、茶香与茶味的协调,茶具追求材质的自然、造型的大方。茶文化的审美性,不仅给人以美的享受,也提升了人们的生活品质。

第五,传承性。茶文化具有深厚的传承性,它是中国传统文化的重要组成部分,承载着中华民族的历史记忆和文化精神。茶文化在世代相传中,不仅保留了传统的茶道、茶艺、茶礼等,还不断创新、发展,形成了丰富多样的现代茶文化。这种传承性,使得茶文化能够与时俱进,不断发展壮大。

二、茶文化与绿色金融的关联

茶文化是中国文化体系的重要构成部分,在时代发展进程中彰显思想引领、艺术实践、文化弘扬之功能,助力于社会经济的发展。随着经济文化的不断发展,以茶文化产品为主的经济文化表现形式,不断驱使茶文化经济朝向繁荣化、经济化方向发展,这对于增加国家财富力量与提高茶文化经济的市场地位具有重要的意义。[①] 中国人喜好饮茶,茶也成为人们日常生活中的一种饮品之一。在此背景下,多元的茶活动也应运而生。在社会发展进程中,茶活动的开展,涵盖喝茶、沏茶、茶花、茶道、采茶活动的实践,生成丰富的茶思想、茶精神、茶道、茶德、茶品等信息,凸显茶文化体系的内容与信息多元。茶文化中提倡的自然、清新、环保、绿色等思想理念,都可为绿色金融业态的发展注入动力。

绿色经济是在生态环保视域下生成的思想,通过该思想与金融业态的融合,衍生为绿色金融模式。绿色金融的本质为金融业态开展的相关工作以及发布的相关思想都应以环境保护为准则,从而开展金融业态服务模式。绿色金融业态的发展模式在具体实践中,本着环境保护的原则及思想,所开展的业务、服务、投资等都应考虑环境保护,以生态环保思想,促进多业务的开展,发挥自身在社会发展中的影响力度与引领效能,推动社会发展向生态化方向迈进,进而凸显金融业态在环境保护中的价值。

---

① 王嘉琪. 茶文化产品对茶文化经济发展的影响 [J]. 营销界,2019 (19):54-55.

在金融服务业态发展进程中，绿色经济与金融管理通过相互促进与融合，共生绿色金融，凸显绿色金融业态在社会发展进程中的功能，这为社会经济的健康发展指明了方向。而茶文化中提倡的绿色、生态以及娴静的思想，与绿色经济与绿色金融不谋而合，这为绿色金融管理工作的实践提供了保障，也促进了绿色经济金融管理工作的推进与实践。

三、茶文化绿色经济金融管理模式的建立

（一）茶文化绿色经济金融管理模式的发展现状

第一，政府层面。政府层面是推动茶文化绿色经济金融管理模式发展的重要力量。政府出台一系列政策和法规，以鼓励和支持金融机构和企业在绿色经济领域的发展，如加大对绿色产业和绿色企业的金融支持、建立绿色金融产品和服务体系、推进绿色金融国际合作等。

第二，金融机构层面。金融机构是茶文化绿色经济金融管理模式发展的主体。目前，越来越多的金融机构开始关注绿色经济和绿色金融，并将其纳入发展战略。例如，中国银行、工商银行、建设银行等大型银行已经设立了绿色金融部门，并推出一系列绿色金融产品和服务。此外，一些小型金融机构也积极发展绿色金融业务，如绿色债券、绿色信贷等。

第三，企业层面。企业是茶文化绿色经济金融管理模式发展的基础。许多企业已经开始关注绿色经济和绿色金融，并将绿色理念融入生产、管理和运营中。例如，许多企业已经开始采用环保技术和材料，减少废弃物排放，提高能源利用效率等。此外，一些企业还通过发行绿色债券、参与绿色基金等方式，积极参与绿色金融市场。

（二）茶文化绿色经济金融管理模式的发展趋势

随着绿色经济和绿色金融的快速发展，政府对绿色金融的支持力度将会加大。未来，政府将会出台更多的政策和法规，以促进绿色金融和绿色经济的发展。此外，政府还将会加强绿色金融监管，规范绿色金融市场秩序。

随着绿色金融市场的不断扩大，金融机构将会推出更多的绿色金融产品和服务，以满足市场需求。未来，绿色金融产品和服务将会更加多样化，覆盖面也将更加广泛，包括绿色债券、绿色信贷、绿色保险等。

随着绿色经济的发展，企业将会更加注重绿色金融，并将其纳入发展战略。未来，企业将会采用更多的环保技术和材料，提高能源利用效率，减少废弃物排放，并积极参与绿色金融市场，以实现可持续发展。

（三）茶文化绿色经济金融管理模式在中国的实践成果

茶文化绿色经济金融管理模式在中国的实践中，取得了以下成果：

第一，绿色金融市场规模不断扩大。随着绿色金融理念的深入人心，绿色金融市场规模持续扩大，为绿色经济发展提供有力的金融支持。

第二，绿色产业得到快速发展。茶文化绿色经济金融管理模式推动绿色产业的发展，为社会创造了更多的就业机会，促进了经济的可持续发展。

第三，绿色金融制度不断完善。中国政府不断完善绿色金融制度，为绿色经济金融管理模式的发展提供了有力的制度保障。

总之，茶文化绿色经济金融管理模式在中国的实践中取得了显著成果，但同时也面临着一些挑战。为了进一步推动绿色经济金融的发展，中国需要加大对绿色金融的宣传培训力度，提高社会对绿色金融的认识；加强绿色金融监管，完善相关法律法规；加大技术研发和应用，推动绿色金融的创新发展。

（四）茶文化绿色经济金融管理模式实践的价值

第一，促进经济的可持续发展。茶文化绿色经济金融管理模式将茶文化、绿色经济和金融相结合，强调资源的可持续利用和环境保护，有助于实现经济的可持续发展。这种模式可以有效地促进经济的绿色转型，减少对环境的破坏，提高经济的可持续性。

第二，提高经济的效率和效益。茶文化绿色经济金融管理模式强调资源的合理利用和优化配置，可以提高经济的效率和效益。这种模式鼓励企业采用节能减排、低碳环保的生产方式，提高生产效率，降低生产成本，提高企业的竞争力。

同时，这种模式还可以促进产业结构的优化，提高产业的附加值，推动经济的可持续发展。

第三，促进社会和经济的和谐发展。茶文化绿色经济金融管理模式强调社会和经济的和谐发展，可以促进社会的和谐稳定。这种模式注重企业的社会责任，鼓励企业积极参与社会公益事业，提高社会的凝聚力和向心力。同时，这种模式还可以促进经济的繁荣发展，提高人民的生活水平，促进社会的和谐稳定。

（五）茶文化绿色经济金融管理模式实践的路径

第一，政策层面。政策层面是茶文化绿色经济金融管理模式实践的重要支柱。政府部门在推动绿色经济发展中扮演着引领者和监管者的角色。首先，政府应制定一系列相关政策，鼓励和支持企业采用绿色生产方式，降低污染排放，提高资源利用效率。这些政策可以包括税收优惠、补贴、低利率贷款等经济手段，以降低绿色转型的成本。其次，政府还需加大监管力度，确保绿色政策得到有效执行，对违规企业进行处罚，以儆效尤。最后，政府应加强与环境保护相关的法律法规建设，明确企业的环保责任，保障生态环境的安全。

第二，企业层面。企业层面是茶文化绿色经济金融管理模式实践的关键主体。企业应积极响应政策号召，自觉承担社会责任，推动绿色生产方式的普及。首先，企业要加大对绿色技术的研发投入，不断提高生产过程中的环保水平。其次，企业应关注产品全生命周期的绿色程度，从源头把控环保风险。最后，企业还需关注员工的环保教育，提高员工的绿色意识，使绿色生产成为企业内部的共同价值观。

第三，社会层面。社会层面是茶文化绿色经济金融管理模式实践的基础保障。全体公民都应积极参与到绿色经济发展中来。首先，大众应提高环保意识，从自身做起，养成良好的环保习惯，如节能降耗、垃圾分类等。其次，社会团体和民间组织应发挥舆论引导作用，宣传绿色理念，推动绿色生活方式的普及。最后，媒体也要加强环保报道，提高公众对绿色经济发展的关注度，形成良好的社会氛围。

第四，国际合作层面。国际合作层面是茶文化绿色经济金融管理模式实践的重要途径。在全球范围内，各国应共同努力，推动绿色经济的全球化进程。首先，各国政府应加强对话与合作，共同制定国际绿色标准，确保各国企业在公平竞争的基础上实现绿色发展。其次，各国应充分利用国际组织平台，如联合国、世界贸易组织等，加强环保政策协调，推动全球绿色供应链的建设。最后，各国还可以通过技术转让、人才培养等途径，促进绿色技术的传播与交流，实现绿色发展的共赢。

第二节 农耕文化与绿色经济协同发展的探究

一、农耕文化概述

农耕文化，作为一种人类社会发展的基石，其内涵丰富、价值深远。农耕文化的起源可以追溯到新石器时代，是人类社会从狩猎采集向农耕经济转变的重要标志。随着农业生产力的提高，农耕文化逐渐发展壮大，成为人类社会历史发展的重要组成部分。农耕文化的演变和发展，经历了原始农耕、奴隶农耕、封建农耕等阶段，最终形成以小农经济为基础、以农业科技为支撑、以家庭村落为单位的农耕文化体系。

（一）农耕文化的内涵和价值

农耕文化的内涵包括生产方式、生产关系、生产组织、生产科技、生产文化等多个方面。其中，生产方式是农耕文化的核心，是农耕文化的物质基础；生产关系是农耕文化的社会关系，是农耕文化的制度保障；生产组织是农耕文化的组织形式，是农耕文化的社会结构；生产科技是农耕文化的技术支撑，是农耕文化的生产手段；生产文化是农耕文化的文化内容，是农耕文化的精神内核。

农耕文化的价值主要体现在以下几个方面：首先，农耕文化是人类社会发展的基石，为人类社会提供稳定的物质基础；其次，农耕文化是农业科技发展的源头，为农业科技的进步提供源源不断的动力；再次，农耕文化是农业文明的重要标志，展示人类对农业的认知和实践；最后，农耕文化是绿色经济的基石，为绿色经济的发展提供丰富的文化资源。

(二) 农耕文化的独特性

1. 生产方式的独特性

农耕文化的生产方式是以农业为基础的。农业是一种直接利用土地、气候和水资源，依靠生物的生长发育规律，通过人的劳动去强化或控制生物生命过程，以取得人类必需的农产品的一种社会生产部门。农业生产方式具有以下特点。

(1) 季节性。农业生产受气候、土地等自然条件的影响很大，因此具有很强的季节性。农民需要根据不同的季节，进行播种、耕耘、收获等农事活动。

(2) 地域性。不同的地区，由于气候、土地等自然条件的差异，农业生产的类型和方式也会有所不同。比如，中国南方地区以水稻种植为主，北方地区以小麦种植为主。

(3) 风险性。农业生产面临着自然风险和市场风险。自然风险包括气候灾害、病虫害等，市场风险则包括农产品价格波动等。这些风险都会影响到农业生产的稳定性和农民的收入。

2. 生活方式的独特性

农耕文化的生活方式是以农村社会为基础的。农村社会是一个以土地为载体、以农业为主要生产方式、以农民为主体的人类社会生活共同体。农村社会的生活方式具有以下特点。

(1) 自给自足。在农耕文化中，农民往往依靠自己的劳动，生产出自己生活所需的农产品。这种自给自足的生活方式，使得农民对土地有着深厚的感情，土地成为他们生活的根本。

(2) 集体主义。在农耕文化中，农民往往以家族或村落为单位，共同进行农业生产和生活。这种集体主义的生活方式，使得农民之间形成紧密的社会联系和互助合作的精神。

(3) 传统习俗。农耕文化中，农民的生活往往受到传统习俗的影响。这些传统习俗包括婚丧嫁娶、节日庆典、祭祀活动等，它们构成了农耕文化的重要组成部分。

3. 社会组织结构的独特性

农耕文化的社会组织结构是以农村社会为基础的。农村社会的社会组织结构具有以下特点。

(1) 家族制度。在农耕文化中，家族制度是一种重要的社会组织形式。家族制度以血缘关系为基础，家族成员之间有着紧密的社会联系和互助合作的关系。

(2) 村落制度。在农耕文化中，村落制度是一种重要的社会组织形式。村落制度以地缘关系为基础，村落成员之间有着紧密的社会联系和互助合作的关系。

(3) 社会等级制度。在农耕文化中，社会等级制度是一种重要的社会组织形式。社会等级制度以社会地位和财富为基础，不同等级的成员之间有着不同的社会地位和权利义务。

二、农耕文化与绿色经济的协同发展

(一) 农耕文化与绿色经济的相互关系

农耕文化和绿色经济是两个密切相关的话题。农耕文化是中国传统农业文明的代表，强调土地、劳动力和自然资源的利用，强调人与自然的和谐相处。农耕文化是作为一种长期积累的传统与智慧，应与经济协同发展，进一步推动乡村文化与经济发展。[1] 而绿色经济则是一种以环境保护和可持续发展为核心的经济模式，强调经济活动对环境的负面影响最小化，同时也注重社会公平和人类福祉。

农耕文化与绿色经济相互影响、相互促进。一方面，农耕文化是绿色经济的重要基础，农耕文化中的生态观念、资源利用观念、科技创新观念等，为绿色经济的发展提供思想支持；另一方面，绿色经济为农耕文化提供新的发展机遇，绿色经济的发展方向、技术路径、政策支持等，为农耕文化的可持续发展提供有力保障。

---

① 陈帅. 基于农耕文化与经济的协同对实现乡村文化发展的影响 [J]. 农业经济, 2024 (02): 67.

(二) 农耕文化与绿色经济协同发展的意义

农耕文化作为中国农业文明的重要遗产，蕴含着丰富的生态智慧和可持续发展的理念。绿色经济则强调经济发展与生态环境保护的统一，强调资源的可持续利用和生态的和谐共生。因此，农耕文化与绿色经济的协同发展，既是对传统农耕文化的继承和发扬，也是对绿色经济发展理念的深化和拓展。在这一过程中，可深入挖掘农耕文化的内涵，理解其与现代绿色经济的有机结合，从而为中国绿色经济的发展提供有力的理论支撑。

农耕文化与绿色经济的协同发展需要在实践中不断探索和创新。一方面，需要对传统农耕文化进行现代化改造，与现代绿色经济理念相结合，形成具有中国特色的绿色经济发展模式。深入研究农耕文化的特点，发掘其在现代绿色经济中的价值，并以此为基础，构建出符合中国国情的绿色经济发展路径。另一方面，需要加强对农耕文化的保护和发展，提高其在现代绿色经济中的地位和作用。制定相应的政策，加强对农耕文化的扶持和保护，同时，也需要加强对农耕文化的传承和发扬，使其在现代绿色经济中发挥更大的作用。

(三) 农耕文化与绿色经济协同发展对乡村文化发展的作用

农耕文化与绿色经济的协同发展对于乡村文化的发展具有重要的意义，能够保护与传承乡村文化遗产、提升乡村经济发展水平、增强乡村文化认同感与自豪感、促进乡村旅游与文化体验、塑造乡村形象与品牌价值。

1. 保护与传承乡村文化遗产

农耕文化作为乡村的重要文化遗产，与经济的协同发展可以推动其保护和传承。经济发展带来的资源投入和关注度提高了对乡村文化遗产的重视程度，乡村文化遗产的修缮、保护和维护工作得到加强，农耕文化的教育、培训和传授得到提升，创造了更多的平台和活动，促进了乡村文化传统元素的保护与传承。不仅如此，乡村文化的广泛传播和宣传会推动其向多样性发展，而且具有地域性的农耕文化也会因位置与人文环境的不同，呈现出差异性与特色性，增添了乡村文化的丰富性和吸引力。

绿色经济的推动力促使农耕文化成为乡村发展的标志和吸引力，通过在绿色经济活动中融入农耕文化的元素和符号，如农耕乐曲、民间艺术、农产品加工、传统手工艺等，促进农民对农耕文化的重视和传承意识，而乡村文化在商业、旅游等领域也会得到展示和推广，这进一步弘扬了乡村文化的魅力。

2. 提升乡村经济发展水平

农耕文化与绿色经济的协同发展可以丰富乡村的经济产业结构，促进农业的现代化以及特色农业、有机农业等新兴农业模式的发展，激发乡村的文化创意产业，如农产品加工、农耕艺术品制作、农事体验旅游等，开发具有乡土特色和市场竞争力的产品和服务，丰富乡村经济的产业链条，提高经济的多元化和韧性，吸引更多的游客、投资者，增加就业机会，推动乡村绿色经济的发展。

农耕文化与绿色经济的协同发展可以推动乡村产业升级与经济转型、提高农产品的附加值和市场竞争力、促进农业与农村基础设施建设。乡村可以实现由传统农业向高附加值产业的转型升级，从传统农业生产向农业科技、农业服务和农业创意产业等高端产业发展，提高产业竞争力；农耕文化的传承和发展使得农产品具备独特的文化内涵和品牌价值，提高农产品的附加值，拓宽市场渠道，增加农民的收入；乡村经济的发展可推动农业现代化，农耕文化的传承也可促进农村文化设施和旅游设施的建设，提升乡村的形象和吸引力。

3. 增强乡村文化认同感与自豪感

当乡村经济与农耕文化相结合时，居民可以更加深入地了解自己的文化传统，积极参与到农耕文化保护、传承和推广中。而且，通过与乡民、下一代和外界之间的交流，可以形成共同的价值观和兴趣，加强乡民之间的联系与合作，展示并传递乡村的文化传统，如传统服饰、民俗表演、传统手工艺品等，提升对乡村文化的自豪感，加强了社会凝聚力和向心力。

在乡村经济发展的助力下，乡民们可以通过文化教育活动，提升自身文化认知水平和素养，正向转变乡民的思维模式，通过农耕文化的学习、培训和体验活动等，让他们深入地了解本土的文化传统和价值观，促进对本土文化的认同感，间接提高乡村的农业技术和服务水平，助力乡村振兴。

4. 促进乡村旅游与文化体验

农村地区以其独特的农耕文化景观、传统乡村建筑、民俗风情、农产品等吸引大量游客,让其深入了解乡村文化,感受农耕文化的独特魅力。经济的发展进一步推动乡村旅游业的繁荣,很多乡村由于投资或其他商机的引入而"死灰复燃",农耕文化得到更多的关注和保护,相关的传统技艺和知识得以传承下去,建筑特色也会被放大并且展示得更引人注目,这无疑也吸引了更多游者前来观看和体验,游客不仅可以感受到独特农耕文化,还能够通过旅游活动,深入了解与体验到乡村的传统农事、习俗和文化底蕴,沉浸式感受到乡村文化的魅力所在,推动乡村文化的传承与推广。与此同时,通过农耕文化的展示和体验,游客能够了解不同地域和民族的农耕文化,增加了文化之间的交流与理解,提升文化包容性与多样性,拓宽乡村文化发展道路。

5. 塑造乡村形象与品牌价值

农耕文化与绿色经济的协同发展可以塑造乡村的独特形象和品牌价值。将农耕文化的特点与乡村环境相结合,可打造独特的乡村形象,不仅包括农田、农舍和农具等传统元素,还涵盖农耕文化的价值观、乡土风情和人文魅力等,打造具有独特文化内涵的乡村形象。通过乡村经济活动,可将农耕文化所蕴含的诚信、勤劳、环保等价值观念有效传达,提升民众的社会责任感。通过将农耕文化融入乡村经济中,可打造具有地域特色和高品质的乡村品牌。通过农产品的品牌化营销、农村旅游的品牌推广以及文化艺术品的品牌打造等活动,使乡村具备独特的品牌价值和市场竞争力,这有助于提升乡村形象的知名度和美誉度。

(四)农耕文化与绿色经济协同发展的生态逻辑

农耕文化是以农业生产为核心的文化,由于民族不同、地域不同、时代不同,继而形成丰富多彩的农耕文化。中华民族的优秀传统农耕文化体现"道法自然,和谐共生"的基本法则,集中体现人与自然的和谐相处。丰富朴素的绿色生态意识与经济的绿色发展体现出良性互动趋势。

1. "道法自然，和谐共生"的基本法则

"道法自然，和谐共生"的基本法则体现中国农耕文化中人与自然、人与人、人与社会的相处法则，具体包括"顺天""应时""因地"及"依人"。"顺天"体现人们按照自然规律办事，不违天道。对于华夏先民来说，自然界不是他们征服的对象，而是怀有敬畏之心并与之和谐相处的系统。"应时"就是不违农时，方有"谷不可胜食也"，农耕活动按照四季变化进行，百姓就可以安居乐业，丰衣足食。"因地"，即因地制宜地安排农作物生产，根据不同气候、不同土壤等情况进行适宜的农耕活动。"依人"体现了在古时农耕实践中人力资本的重要性，也在长时期的农耕中形成自强不息、艰苦奋斗的精神。"道法自然，和谐共生"基本法则体现出丰富且朴素的生态意识，对绿色经济发展具有重要的指导意义。

2. "天人合一，循环生产"的实践理念

"天人合一"思想与"和谐共生"理念不谋而合，均为追求人与自然、人与人、人与社会的和谐相处。"天人合一"的思想理念促进华夏农民始终坚持走绿色、可持续发展道路。农耕文化满足人们生活的基本需求，他们不需要也没有条件去更多地征服自然，从而不断保持着绿色、和谐、共生的发展状态。随着工业化的发展、农业科技水平的提高，有些农民开始为了追求利益最大化而肆意破坏生态环境。此时，优秀农耕文化的传承则可以促进人们回归自然、敬畏自然并追求绿色生态可持续发展。"循环生产"是华夏先民意识到自然资源有限性后的创新实践，如"猪沼果""稻鱼共生"等典型的种养循环农业模式，构建生态循环农业生产体系。这种循环生产体系的构建是农耕实践中可持续发展理念的集中体现，可以为绿色经济追求可持续发展提供思想支持。

（五）农耕文化与绿色经济协同发展的路径

1. 农耕文化与绿色理念协同

农耕文化深刻影响着华夏民族的生产、生活方式及风俗习惯，农耕文化不仅仅是停留在意识层面的价值观，更是实现人与自然和谐相处的重要根基。随着工业现代化、农业科技发展日新月异，有些人的思想在利益驱动下开始利用科学技

术去征服自然,导致生态环境遭到严重的破坏。

建设生态文明是中华民族永续发展的千年大计,而农耕文化亦是具有千年历史的优秀传统文化。因此,农耕文化的传承与保护对推动美丽中国建设及实现绿色发展具有重要作用,同时,绿色发展理念又可以更好地传承农耕文化的精髓。由此可以得知,农耕文化与绿色发展理念具有相互促进的关系,两者之间的协同互动发展具体表现为以下两方面:其一,农耕文化中的"顺天应时因地依人""天人合一"均体现出人们追求"天地与我并生,万物与我为一"的思想境界。这种思想理念敬畏自然,具有朴素的绿色生态理念。其二,绿色发展理念强调了经济发展并非只是追求较高的经济指标,而是利用技术进步推动人与自然的和谐共处。

2. 农耕文化与绿色体验协同

农耕文化传承的重要方式之一是展览,通过展示农耕器具、农耕场景,让都市人群随时可以体验中华民族传统农耕文化精髓。在农村层面,加大保护自然乡村风光及农耕场景,新时代背景下的农民早已从"面朝黄土背朝天"的生活状态转向追求实现"美好生活"的奋斗目标。自然乡村风光的保护必然会吸引当地人民及外地游客的眼球,如西南民族地区的原始村落,不仅让人们感受到了人与自然和谐共生的美妙,更让人牢记中国优秀农耕文化的巨大魅力。

3. 农耕文化与绿色产业协同

农耕文化与绿色经济除了在理念及体验上进行协同发展外,更应在坚持人与自然和谐共生的基本原则下,大力整合农耕文化资源,并与当地经济发展进行有效契合。已有的良好实践是把农耕文化融入生态旅游业的发展中,并取得了良好的成效。

新时代农耕文化的传承可引导农村生态旅游产业的兴旺,乡村绿色产业的发展迎合乡村振兴战略中的"产业兴旺"要求,两者表现出明显的相互促进,协同发展趋势。并非所有的乡村都有发展生态旅游产业的潜力,因此,各乡村应根据自身的资源禀赋及农耕文化的独特性,引导绿色科技改善现有农业产业生产,在农业产业链的全过程实现绿色化发展。

第三节　红色文化传承与绿色经济的融合发展

一、红色文化资源与绿色发展的耦合关系

红色文化资源为绿色发展提供新的动力,而绿色发展则是红色文化资源的时代特征。作为红色文化产业的重要组成部分,红色文化资源不仅是文化经济的重要内容,还以其独特的功能为绿色发展注入新的活力。在中国经济由高速增长转向高质量发展的新阶段,能否顺利、快速地实现新旧动能的转换,成为关键所在。新旧动能的转换不仅关系到中国经济的绿色发展,还关系到中国经济能否实现高质量发展。

对于红色文化资源丰富的地区来说,合理开发和利用红色文化资源,不仅能催生新业态、壮大红色文化产业、繁荣文化经济,还是进行红色传统教育和提升中国文化自信的重要途径。结合当地实际情况,通过开发以红色文化资源为依托的红色文化产品、红色旅游、红色文化体验等项目,探索推出一系列以红色文化资源为主题的"红色旅游目的地""红色旅游小镇""红色旅游乡村"等品牌,带动与旅游产业相关的文化产业和服务业的发展,从而为绿色发展注入新的动力。

绿色发展体现红色文化资源的时代特质,正如"绿水青山就是金山银山"所体现的,我们决心实现人与自然的和谐共生。在"绿水青山"中,生态效益、社会效益和自然效益的统一,反映了我们对待红色文化资源的态度,即在保护和开发利用红色文化资源时,要突出绿色发展的时代要求。红色文化资源是时代化的产物,作为一种珍贵的文化遗产,其物质载体和精神内涵对当代人们的精神塑造和理想信念的重建,对实现中华民族伟大复兴的中国梦具有特殊且不可替代的重要作用。因此,用绿色经济发展的理念来指导红色文化资源的保护、开发和利用,既要关注红色文化资源所在地的环境承载力,也要坚持红色文化资源的先进性,避免过度商业化和低俗化,确保其沿着社会主义的方向健康发展。

二、红色文化传承在绿色经济发展中的作用

红色文化是我们党的精神财富,是传统文化的重要组成部分。红色文化传承的内涵,是指在党的领导下,通过学习、研究、宣传、实践等方式,将党的光辉历程、伟大成就、优良作风、精神等,传承下去,发扬光大。红色文化传承在绿色经济发展中的作用,主要体现在以下几个方面:

第一,红色文化传承有利于引导人们树立绿色发展的理念。红色文化强调的是人民群众的根本利益,强调的是人民至上、群众路线。在绿色经济发展中,坚持以人民为中心的发展思想,将人民群众的需求和利益放在首位,努力实现绿色、低碳、循环、可持续的发展。

第二,红色文化传承有利于推动绿色经济发展的实践。红色文化强调的是实际行动,强调的是干字当头、实处着力。在绿色经济发展中,以实际行动来推动绿色经济的发展,从政策制定、科技创新、企业实践等方面入手,推动绿色经济的发展。

第三,红色文化传承有利于提高绿色经济发展的质量。红色文化强调的是质量第一,强调的是精品意识、品牌意识。在绿色经济发展中,注重提高经济发展的质量,注重提高产品的品质和效益,注重提高企业的竞争力和影响力。

第四,红色文化传承有利于推动绿色经济的可持续发展。红色文化强调的是长远发展,强调的是绿色发展、循环发展、低碳发展。在绿色经济发展中,注重推动绿色经济的可持续发展,注重保护环境、节约资源、保护生态,实现经济、社会、环境的协调发展。

三、红色文化资源与绿色经济融合发展的对策

绿色经济发展是生态文明建设的重要内容,是中国实现高质量发展的内在要求。而红色文化资源作为中华民族的宝贵财富、教育资源和精神遗产,永远是我们前进奋斗的精神动力,是我们自强不息的精神财富,是我们战胜一切困难取得胜利的精神源泉,同时也是红色文化资源所在地经济社会发展的重要动力之源。

(一) 深化思想认识,增强融合的内驱力

在当下这个绿色发展和文化传承并重的时代,对绿色发展与红色文化资源融合的可行性与必要性有更为深刻的认识。习近平生态文明思想作为新时代的指导思想,要求我们在经济社会发展中,始终把"绿水青山就是金山银山"的重要理念和山水林田湖草是生命共同体的系统思想贯穿到红色文化资源开发利用的全过程。这不仅是对自然环境的尊重和保护,更是对红色文化资源的传承和发扬。

红色文化资源作为中华民族宝贵的精神财富,蕴含着丰富的革命历史和革命精神。而绿色发展则强调人与自然的和谐共生,注重资源的节约和环境的保护。两者之间的融合,不仅能够提升红色文化资源的价值和影响力,还能够推动绿色经济的发展,实现经济效益和社会效益的双赢。因此,要进一步加强对绿色发展与红色文化资源融合的宣传和教育,提高全社会的认识和理解。同时,政府、企业和社会各界也应该积极参与到这一融合过程中来,共同推动绿色发展与红色文化资源的深度融合。

(二) 挖掘理论内涵,凸显融合的表现力

红色文化资源的理论内涵丰富而深刻,它不仅是革命历史的见证,更是中华民族精神的体现。在新时代背景下,要结合时代需要,大力挖掘红色文化资源的理论内涵和时代特质,探寻红色文化资源开发利用与绿色经济发展的结合形式。

结合绿色发展的理念和实践,探索如何将红色文化资源转化为绿色发展的动力和资源。例如,可以通过开发红色文化主题旅游线路、举办红色文化活动等方式,吸引更多的游客和观众,推动当地旅游业的绿色发展。

此外,还要注重红色文化资源与绿色发展的有机结合。在开发利用红色文化资源的过程中,要注重生态环境的保护和修复,避免对自然环境造成破坏。同时,也要注重红色文化资源的教育功能和经济功能的发挥,通过多种形式的活动和项目,让更多的人了解和认识红色文化,感受其独特的魅力和价值。

(三) 树立整体观,提升融合的增长力

红色旅游作为红色文化资源开发利用与绿色发展融合的着力点,具有独特的

优势和潜力。与生态旅游、民俗旅游等其他方式相比，红色旅游不仅能够让人们领略到美丽的自然风光和丰富的民俗文化，还能够让人们深入了解红色文化的历史内涵和精神实质。

为了促进红色旅游的绿色发展，要深入挖掘红色文化的深刻内涵，保持红色旅游的特性。红色文化是红色旅游的灵魂，是红色旅游区别于一般旅游观光的根本特征。因此，在开发红色旅游资源时，应注重其文化内涵的挖掘和传承，让游客在游览过程中能够深刻感受到红色文化的魅力和价值。

同时，还应注重红色旅游与其他旅游方式的融合发展。通过将红色旅游与生态旅游、民俗旅游等方式相结合，可以形成更加丰富多彩的旅游产品和服务，满足不同游客的需求。这种融合不仅可以提升红色旅游的吸引力和竞争力，还可以推动当地旅游业的整体发展。

（四）加强战略协作，优化融合发展的产业发展环境

红色旅游作为新兴产业，其发展需要政府、企业和社会各界的共同努力和协作。当前，中国红色旅游还处于低级发展阶段，条块分割现象依然存在，难以发挥红色文化旅游的真正价值。因此，要加强战略协作，优化融合发展的产业发展环境。

地方政府应当高度重视红色文化资源的开发利用，制定相关政策和规划，明确发展方向和目标。同时，要加强与周边地区的合作与交流，推动红色旅游的区域性联盟建设，形成合力，进而促进红色旅游的发展。此外，还需要积极吸引社会资本投入红色旅游产业，引导企业和社会力量参与红色旅游的开发和建设。

在产业发展环境方面，还要注重生态环境的保护和修复。通过加强环境保护和治理工作，确保红色旅游地的生态环境得到有效保护。同时，还需要完善基础配套设施建设，提高红色旅游地的服务水平和质量。例如，可以加强交通设施建设、完善旅游服务设施等，为游客提供更加便捷、舒适的旅游体验。

（五）完善基础配套设施，厚植融合的基石

基础配套设施的完善是红色文化资源与绿色发展融合的重要保障。为了破除

产业发展瓶颈、做大做强红色文化产业，应加快基础配套设施建设，并按照绿色发展要求进行规划和管理。

以市场运作的方式，发挥社会资金的力量，多渠道筹集资金用于基础配套设施建设。同时，要注重新能源和循环经济的利用，推动红色文化资源所在地的公路、水、电等基础条件的改善。此外，还可以利用"互联网+"等平台，整合各红色文化景点资源，开通红色旅游客运专线，联通各大红色景区，形成便捷的旅游交通网络。

在完善基础配套设施的同时，还要注重红色文化旅游导引系统的建设。通过采用绿色环保的方式，运用多种方式呈现红色文化与绿色发展的融合，进一步完善体现绿色发展的交通标识及红色文化符号。在主要路口、显著位置设置红色旅游景区交通引导标识牌，方便游客的出行和游览。同时，还需要健全完善游客服务中心体系，提升服务水平和服务能力，使红色文化资源的复合功能得到最佳的实现。

（六）打造红色文化与绿色经济融合发展品牌

1. 精心设计红色旅游线路

在当前中国红色文化传承与绿色经济融合发展仍以红色旅游产业为主的情况下，应整合本地及周边地区的红色文化资源，打造红色旅游线路。通过深入挖掘红色文化的历史故事、英雄人物和革命精神，打造具有独特魅力的红色旅游产品，吸引更多的游客前来参观和体验。同时，结合现代科技手段，如虚拟现实、增强现实等技术，提升红色旅游的互动性和体验性，让游客更加深入地了解和感受红色文化的魅力。

2. 注重红色主题文化与自然风光的结合

人文与自然的结合是旅游业发展的最佳选择。在打造红色文化传承与绿色经济融合发展品牌的过程中，注重将红色文化与当地秀美的自然风光相结合。通过合理规划红色旅游线路，将红色景点与自然景观相互融合，打造独特的旅游产品。例如，可以在红色景点周边开发乡村旅游、生态旅游等绿色旅游产品，提供游客亲近自然、体验农村生活的机会。这样的结合不仅可以提升红色文化的吸引力，还可以推动当地绿色经济的发展，实现经济效益和环境效益的双赢。

3. 优化红色文化与绿色经济融合的产业发展环境

为了形成有利于红色文化与绿色产业融合发展的产业环境，地方政府应该发挥主导作用，制定相关政策和措施，支持和引导红色文化产业和绿色产业的发展。同时，地方政府还应该加强对红色文化资源的保护和利用，加强对红色文化传承人的培养和支持，确保红色文化的传承和发展。

4. 加大财政资金支持力度，为产业发展提供必要的资金保障

政府可以通过设立专项资金、提供贷款贴息等方式，为红色文化产业和绿色经济提供融资支持，推动产业的快速发展。同时，政府还可以加强与金融机构的合作，为红色文化产业和绿色经济提供更多的融资渠道和金融产品，降低融资成本，提高融资效率。

行业内相关企业也要切实增强自身的盈利能力，提高对社会资本的吸引力。企业可以通过提升产品质量、创新管理模式、拓展市场渠道等方式，提高自身的竞争力和盈利能力。同时，企业还可以加强与政府、金融机构、社会组织等的合作，共同推动红色文化与绿色经济的融合发展。

第四节　绿色发展理念引领经济文化建设研究

绿色发展理念以可持续发展为核心，强调经济发展与环境保护的和谐共生。它主张在尊重自然、顺应自然、保护自然的前提下，推动经济增长方式的转变，实现经济、社会和环境的协调发展。

一、绿色发展理念的基本分析

（一）绿色发展理念产生的意义

第一，绿色发展理念对于促进经济社会可持续发展具有重要意义。该理念强调经济发展与环境保护的协调统一，推动绿色转型，从而实现资源的高效利用和

环境的可持续发展。这种转型有助于缓解环境压力，提高资源利用效率，推动经济社会可持续发展。同时，绿色转型还能促进科技创新和产业结构优化升级，为经济发展注入新的活力和动力。

第二，绿色发展理念对于保障人民群众身体健康具有积极作用。随着工业化的快速发展，环境污染问题日益严重，对人民群众的健康造成严重威胁。绿色发展理念强调提高资源利用效率，减少污染排放，从而提高生态环境质量，保障人民群众的身体健康。同时，绿色消费方式的推广也有助于减少环境污染，促进人民群众身心健康。

第三，绿色发展理念有助于提高中国的国际竞争力。在全球经济一体化的大背景下，各国的竞争已不仅仅局限于经济领域，更包括环境保护和可持续发展等方面。绿色发展理念强调生态环境保护，有助于提高中国在国际舞台上的形象和地位。通过发展绿色产业和推广绿色技术，中国能够积极参与国际分工合作，增强绿色产品的国际竞争力。

第四，绿色发展理念有助于促进经济转型升级。当前，中国经济正处于转型升级的关键时期，需要寻找新的增长动力和发展模式。绿色发展理念强调调整经济结构，推动经济转型升级，从而实现资源的优化配置和经济效益的提高。这有助于推动经济高质量发展，实现可持续发展目标。

第五，绿色发展理念对于促进社会和谐稳定具有重要意义。人与自然的关系是人类社会发展的基础关系之一，绿色发展理念强调人与自然和谐共生，有助于促进社会的和谐稳定。通过推动绿色转型，可以提高人民群众的获得感、幸福感、安全感，增进社会公平正义，促进社会和谐稳定。

第六，绿色发展理念有助于提升国家治理能力。在应对生态环境挑战的过程中，国家治理能力显得尤为重要。绿色发展理念强调生态环境保护，有利于完善绿色法律法规、加强绿色监管和推动绿色科技创新。这些举措能够提升中国在生态环境治理方面的能力水平，更好地应对各种生态环境问题。

第七，绿色发展理念有利于保障国家安全。国家安全是国家发展的基石，而生态环境安全是国家安全的重要组成部分。绿色发展理念强调生态环境保护，有助于减少环境污染和生态破坏，保障国家的生态安全。同时，通过推动绿色转型，还能提高国家的能源利用效率，减少对外能源的依赖，进一步保障国家的能源安全。

第八，绿色发展理念对于促进全球可持续发展具有积极意义。随着全球化的深入发展，各国之间的联系日益紧密，环境问题也已成为全球性的挑战。绿色发展理念强调生态环境保护，有助于推动全球绿色治理和可持续发展。通过加强国际合作，共同应对环境问题，中国能够为全球可持续发展做出积极贡献。

第九，绿色发展理念有助于实现可持续发展目标。可持续发展是人类社会发展的终极目标之一，而绿色发展是实现这一目标的重要途径。通过推动绿色转型，可以促进经济发展、社会进步、环境保护相互协调，为可持续发展提供有力支撑。

（二）绿色发展理念的价值

1. 绿色发展理念的理论价值

第一，生态学为绿色发展提供重要的科学基础。现代生态学是研究生命系统与环境系统之间相互关系的科学，是自然科学与社会科学的桥梁。生态学所提出的生态系统理论及其揭示的有关人、社会与自然相互作用的生态规律，为人们更加全面正确地把握人与自然的关系奠定了理论基础，为人们摒弃征服自然的世界观、机械论的自然观、原子论的思维方式、极端人类中心主义的价值观等提供科学依据，为人类社会确立绿色文化、推进绿色发展、建设生态文明提供新理论、新方法和新路径。

第二，生态哲学是指导绿色发展的世界观和方法论。长期以来，现代哲学凸显人的主体性解放，以主客二分的观点过度强调与自然的区别，割裂两者的联系，形成人统治自然的根本性看法。生态哲学则以人与自然的关系为基本问题，以重建人与自然的和谐关系为目标，反思生态危机，批判机械论的自然观、还原论的思维方式和狭隘的人类中心主义价值观，把人与自然视为一个复杂的有机生态共同体，用生态系统理论观察、分析、解释和研究人与自然的相互联系、相互影响，用有机整体论的生态世界观、以人为本的环境价值观，指导人们改造和利用自然的各种实践活动。

第三，生态伦理学为绿色发展提供行为规范体系。生态伦理学，也称环境伦理学，是关于人与自然关系的道德体系学说。它突破传统的伦理观，把伦理道德由人类社会拓展到非人类的自然界，认为人与自然万物均应当是人类关怀的道德对象。它倡导人们抛弃旧有的那种主宰自然、践踏自然和掠夺自然的观念、态度和行为，确立起尊重自然、善待生态、敬畏生命、关爱万物的伦理态度。

2. 绿色发展理念的内在价值

（1）实现经济价值与生态价值的和谐统一。

第一，绿色发展不仅创造社会财富，更彰显经济财富的价值。它强调经济增长应满足并服务于人类的需求与发展，通过人与自然和谐共生的理念，促进人类自身的健康持续发展。

第二，绿色发展既是对自然财富的珍视，也是对生态财富的积累。该理念倡导在以人为本、和谐共处、互利共赢的基础上，实现人与自然关系的自由协调。一方面，人与自然紧密相连，相互依存，共同促进发展；另一方面，绿色发展具有长期性特点，对自然和人类社会产生深远而持久的影响，为子孙后代留下一个绿色宜居的地球，成为我们留给后代最宝贵的遗产。同时，绿色发展是推动人类文明从政治文明向生态文明飞跃式发展的强大动力，预示着绿色生态革命的号角已然吹响。

（2）实现国家发展与人民福祉的同步提升。

第一，绿色发展作为国家高质量发展的重要组成部分，对于应对发展挑战、实现高质量发展具有重要意义。坚持绿色发展道路，有助于推动国家经济社会的全面协调可持续发展。

第二，绿色发展是提升人民获得感、幸福感、安全感的重要基石。它关乎人民群众的健康生活品质，保障人民权利与义务的正常履行，实现人民对美好生活的向往。

（3）实现人类发展与自然永续的共赢局面。

第一，绿色发展是推动人类文明进步的重要力量。从人类对自然的敬畏与依赖，到对自然地位的重新定位，再到将自然视为生存发展的基础，人类逐渐认识到与自然和谐共生的重要性。绿色发展理念正是这一认识的体现，它强调人类与自然的和谐共生，推动人类文明不断向前发展。

第二，绿色发展是实现自然永续发展的关键环节。面对人口增长、环境容量有限、资源能源短缺等约束条件，中国必须大力发展绿色经济，突破资源环境对经济社会发展的瓶颈，实现可持续发展。

第三，绿色发展是构建人类命运共同体的重要保障。中国提出的绿色发展理念为构建地球人与自然环境共同体提供中国方案。在全球范围内，人类命运共同体的理念引领着各国人民团结一致，共同为创造美好的地球环境而努力。通过绿色发展，实现人与自然和谐共生，共同构建美好的地球家园。

(三) 绿色发展理念的逻辑关联

第一，绿色发展理念与新发展理念其他组成部分的紧密融合。绿色发展理念与创新、协调、开放、共享发展理念相互融合、互为补充，共同构成了新发展理念的整体框架。这一整体框架强调发展的多元性和协调性，其中创新是驱动发展的核心动力，协调是优化发展结构的关键环节，绿色是确保可持续发展的重要底色，开放是拓宽发展空间的重要途径，共享则是实现发展成果普惠化的终极目标。在推进绿色发展的进程中，创新为绿色发展提供强有力的技术支持和创新驱动，协调确保绿色发展过程中人与自然和谐共生，开放促进绿色发展理念的国际交流与合作，共享则体现绿色发展成果的全民共享和社会公平正义。

第二，绿色发展理念在"五大建设"中的引领作用。绿色发展理念作为推进生态文明建设的重要指引，在"五大建设"中发挥着举足轻重的作用。生态文明建设被置于突出地位，与经济建设、政治建设、文化建设、社会建设紧密结合，共同构成"五位一体"的总体布局。在这一布局中，绿色发展理念贯穿于各个领域和全过程，成为推动五大建设协同发展的核心要素。通过以绿色发展为支撑的生态文明建设，积极改善和优化人与自然、人与人的关系，构建有序的生态运行机制和良好的生态环境，为中华民族的永续发展奠定坚实基础。

第三，绿色发展理念在生态环境保护基础上的升华与拓展。绿色发展理念不仅源于生态环境保护的需求，更在此基础上实现了升华与拓展。绿色发展理念在立意、认识和视野等方面均有所超越，它不再局限于节能减排和污染物治理的层面,而是从人与自然和谐共生、主体功能区建设、低碳循环发展、资源节约与高效利用、环境整治与生态修复、生态安全屏障构筑等多个维度进行理论阐述和实践探索。同时,绿色发展理念还强调将生态文明建设融入国家发展的全局之中,综合考虑国内国际两个大局,致力于推动全球生态安全治理体系的完善和创新。

二、绿色文化有力支撑绿色发展

(一) 绿色文化的内涵

绿色文化,亦称生态文化,是人类在生态文明时代所特有的新型文化。广义上讲,绿色文化涵盖人类在尊重自然、顺应自然、保护自然、敬畏生命、以自然为友、和合共生、可持续发展等绿色理念指导下,所取得的一切物质进步与积极的精神文化成就。具体而言,广义的绿色文化可以从以下四个方面进行理解:

第一,物质形态的绿色文化,又称绿色物质文化,主要是指一切有益于人与自然和合共生、可持续发展的所有物化形式的人类文化。这包括直接满足维持人类个体生命再生产和社会再生产需要的低耗、低碳、低污染或无公害、无污染的绿色物品;此外,还包括绿色科技含量高的绿色生产设备与工具,绿色产业结构和绿色经济体系下生产的绿色工业产品、绿色农业产品、绿色建筑、生态景观、绿色交通等。绿色物质文化是创造与发展绿色文化的基础。

第二,制度形态的绿色文化,又称绿色制度文化,是指人类为保护自然、促进人与自然关系协同进化与可持续发展而制定和实施的调整各种实践行为的法律、规章制度的总和,主要包括绿色政治制度、绿色经济制度、环境法律制度、绿色教育制度、绿色社会制度、绿色管理制度等。绿色制度文化是规范人们环境行为方式的保障。

第三,行为形态的绿色文化,又称绿色行为文化,是指人们在交往实践活动中所表现出来的尊重、关爱和保护自然的文化行为。主要包括见之于交往实践中的良好生态行为习惯、敬畏自然的民风民俗、保护环境的社会风尚等。绿色行为文化是绿色观念文化的反映,也是长期以来绿色制度文化规范的结果。

第四,观念形态的绿色文化,又称绿色观念文化或绿色精神文化,是指个人、群体和社会对人与自然关系开展的所有积极的精神文化活动及其成就的总称。它以生态价值观为核心，包括涉及尊重、顺应和保护生态环境的社会心理等自发形态的绿色文化，以及生态哲学观、生态伦理学观、生态宗教观、生态道德观、生态艺术观、生态文明观等自觉追求人与自然和合共生、可持续健康发展的自觉形态的绿色文化。

狭义的绿色文化，即观念形态的绿色文化，与绿色政治、绿色经济、绿色社会、绿色环境相对应。它所包含的生态世界观、生态价值观、生态伦理观、生态宗教观、生态艺术观、生态文明观等，共同构成了绿色文化的核心。狭义绿色文化是整个广义绿色文化的灵魂，对人类的绿色政治、绿色经济、绿色社会、绿色环境的形成与发展，以及生态文明目标的实现，起着决定性作用。

(二) 绿色文化的本质

绿色文化就其本质而言，便是人类为了破解所面临的生态危机而发起的自救行动，这是一场符合生态文明时代要求的、从物质到精神、从制度到行为等一切领域的全面而又深刻的文化变革。透过当今绿色文化的诸多表现形态，如绿色政治、绿色经济、绿色生产、绿色生活、绿色技术、绿色产品、生态哲学、生态科学、绿色宗教、绿色艺术等，绿色文化正在引发人类世界观的生态转向，正在促进人类生态价值观的形成，正在引导人类把自然纳入道德的怀抱，正在驱动人类重新评估人在自然界中的地位，自觉调整生存方式与发展方向，走低碳、循环、绿色发展之路，实现人与自然均能永续发展的生态文明理想社会。

绿色文化本质上是一种摆脱自然束缚，顺应并利用自然规律，在生态环境可承载的基础上创造人类价值，追求人的自由和全面发展，走向人与自然和合共生，同享可持续发展的新文化。绿色文化并非原始的绿色文化的简单回归，而是人类文化生态觉醒后的辩证的绿色复归，是人类吸取深刻教训后做出的理性选择。绿色文化引导人们尊重自然、善待自然，是人类远离自然后对自然的伙伴式的回归，是人类既往绿色文化的升华与质的飞跃。绿色，既是古老文化的起源，又是现代文化的归宿。在走向生态文明的新时代，绿色文化将以能量加油站的方式与人类一路同行，成为人类永不枯竭的绿色发展之源。

(三) 绿色文化的特征

"绿色"一词，概括了绿色文化的核心特质。绿色文化强调尊重自然、顺应自然、保护自然，倡导人与自然和谐共生，强调可持续发展。绿色文化的特征，主要体现在以下几个方面：

第一，绿色文化具有鲜明的生态性。它强调人类与自然的和谐共生，将自然视为人类生存与发展的基础，而非单纯的利用对象。在绿色文化的指引下，人类开始重新审视与自然的关系，逐渐摒弃了以往过度开发、破坏环境的做法，转而追求与自然和谐共处的生存方式。

第二，绿色文化具有高度的可持续性。它反对无节制地消耗资源、破坏环境，主张在保障人类基本需求的前提下，通过科技创新、政策引导等手段，实现资源的有效利用和环境的持续改善。绿色文化鼓励人们采用低碳、环保的生活方式，推动经济社会向更加绿色、可持续的方向发展。

第三，绿色文化具有广泛的群众性。它不仅是专家学者们的理论探讨，更是广大人民群众的共同追求。在绿色文化的熏陶下，越来越多的人开始关注环境问题，积极参与到环保行动中来。绿色文化的传播和普及，有助于提升全社会的环保意识，形成全民参与环保的良好氛围。

第四，绿色文化具有深远的历史性。它是对传统文化的继承和发展，也是对未来文明的展望和引领。绿色文化既汲取古代哲学中关于人与自然和谐相处的智慧，又结合现代科技手段，为解决环境问题提供新的思路和方法。同时，绿色文化也为人类未来的可持续发展指明方向，成为推动人类文明进步的重要力量。

三、绿色发展理念在经济文化建设中的地位与作用

绿色发展理念是指在经济活动中，以生态环境保护为前提，追求可持续发展，促进人与自然和谐共生的一种发展模式。其内涵包括减少污染物排放、提高资源利用效率、保护生态环境、促进经济发展等方面。绿色发展理念已成为全球共识，并在中国经济文化建设中发挥了重要作用。

第一，指导思想。绿色发展理念是经济文化建设的重要指导思想之一。在当

前经济全球化、市场化、科技化、信息化等背景下,经济发展与环境保护之间的矛盾日益突出,绿色发展理念的提出为解决这一矛盾提供了新的思路和方向。在经济文化建设中,绿色发展理念的贯彻可以引导人们树立正确的经济发展观念,推动经济可持续发展,促进人与自然的和谐共生。

第二,政策依据。绿色发展理念已成为中国经济发展的重要政策依据之一。近年来,中国政府高度重视生态环境保护,出台了一系列政策措施,如《关于推动城乡建设绿色发展的意见》《环境保护法》等,旨在推动绿色发展理念的实施。在经济文化建设中,贯彻绿色发展理念可以为政策制定和实施提供科学、合理、可行的依据,推动政策与实践相结合,促进绿色发展理念的落地生根。

第三,社会共识。绿色发展理念已成为社会共识,受到广泛关注和认可。在经济文化建设中,贯彻绿色发展理念可以提高人们的环保意识和行动力,推动社会共同参与环境保护,促进人与自然的和谐共生。同时,绿色发展理念的推广也可以增强社会对可持续发展的信心和认同,为经济发展提供良好的社会氛围和舆论支持。

第四,推动绿色发展。绿色发展理念的贯彻可以推动绿色发展,促进经济可持续发展。在经济文化建设中,贯彻绿色发展理念可以引导人们树立正确的经济发展观念,推动绿色技术的应用和创新,提高资源利用效率,减少污染物排放,实现绿色、低碳、可持续的经济发展。同时,绿色发展理念的贯彻也可以推动企业和社会组织向绿色转型,为经济发展注入新的动力和活力。

四、绿色发展理念在经济文化建设中的体现

(一) 绿色发展理念在文化体系建设中的体现

文化体系建设是社会发展的重要组成部分,而绿色发展理念的融入,为文化体系带来新的内涵和方向。在文化体系建设中,绿色发展理念主要体现在以下几个方面:

第一,绿色发展理念强调生态文化的建设。这包括对自然环境的尊重和保护,以及对生态平衡的维护。在文化创作和传播中,倡导以自然和谐共生为主

题，鼓励创作体现生态文明的优秀作品，如环保题材的电影、书籍和艺术作品，通过文化形式提高公众的生态意识。

第二，绿色发展理念推动传统文化与现代生态文明相结合。在传承和弘扬传统文化的同时，注重挖掘其中蕴含的绿色发展智慧，如古代的"天人合一"思想，并将其与现代生态文明理念相结合，形成具有时代特色的绿色发展文化。

第三，绿色发展理念在文化产业发展中得到体现。鼓励发展绿色低碳的文化产业，如数字创意产业、文化旅游等，减少文化生产过程中的资源消耗和环境污染，同时通过文化产品的传播，普及绿色发展理念。

（二）绿色发展理念在社会治理中的体现

绿色发展理念是中国特色社会主义的重要组成部分，反映中国社会主义现代化建设的内在要求。在社会治理中体现绿色发展理念，意味着在经济社会发展中坚持节约资源和保护环境的基本国策，实现人与自然和谐共生。以下是绿色发展理念在社会治理中的几个体现方面：

第一，环境治理。通过实施大气、水、土壤污染防治三大行动计划，加大生态环境的保护力度，严格控制污染物排放，提高环境治理水平。

第二，节能减排。推广绿色建筑和节能技术，发展循环经济，鼓励使用清洁能源，减少能源消耗和碳排放。

第三，绿色生活方式。倡导绿色消费，鼓励公众参与低碳出行、垃圾分类等环保行动，提高全民环保意识。

第四，法规政策。制定和完善环境保护法律法规，建立健全绿色发展的政策体系，如环境保护税、碳排放权交易制度等。

第五，生态补偿机制。建立和完善生态补偿机制，对生态功能重要区域给予补偿，促进生态保护和绿色发展。

第六，城市规划。在城市规划和建设中融入绿色发展理念，构建绿色交通体系，增加城市绿地面积，提高城市生态环境质量。

第七，生态文明教育。将生态文明教育纳入国民教育体系，培养公民的环保意识和绿色行为习惯。

第八，国际合作。积极参与全球环境治理，履行国际环保义务，与其他国家共同应对气候变化等全球环境问题。

(三) 绿色发展理念在企业文化建设中的体现

企业文化是企业核心竞争力的体现，绿色发展理念在企业文化建设中的融入，不仅有助于提升企业的环保责任，还能够促进企业的可持续发展。

第一，在企业价值观中融入绿色发展理念。企业应将环境保护和可持续发展作为核心价值之一，通过制定相应的环境保护政策和措施，确保企业运营过程中对环境的影响最小化。

第二，在企业管理和决策中体现绿色发展理念。企业应采用绿色管理方法，如实施 ISO14001 环境管理体系，推行清洁生产，以及进行生命周期评估，确保产品和服务的全生命周期都符合绿色发展的要求。

第三，在企业社会责任中实践绿色发展理念。企业应承担起环境保护的责任，通过公益活动、环保项目等方式，积极参与到环境保护和生态修复中，展现企业的绿色形象。

(四) 绿色发展理念在个人行为中的体现

个人行为是社会发展的基础，绿色发展理念在个人行为中的体现，是推动整个社会走向可持续发展的关键。

第一，在日常生活中实践绿色消费。个人应选择环保、节能、低碳的产品和服务，减少不必要的消费，提高物品的再利用率，从而减少资源的浪费和环境的污染。

第二，在出行方式上体现绿色发展理念。个人应优先选择公共交通、骑自行车或步行等低碳出行方式，减少私家车使用，从而减少碳排放。

第三，在生活习惯中培养绿色行为。个人应养成节约用水、用电的习惯，减少塑料袋等一次性用品的使用，参与垃圾分类和回收，以及参与植树造林等公益活动，以实际行动支持绿色发展。

五、绿色经济文化带构建

绿色经济文化带是一种以绿色经济为发展基础，以绿色文化为精神内核的区域。它强调在保护生态环境的前提下，实现经济社会的可持续发展。绿色经济文化带是绿色经济和绿色文化融合发展的具体表现，旨在推动绿色经济发展、提高人们绿色生活水平、建设美丽中国。绿色经济文化带有助于推动绿色经济发展，提高经济效益，实现经济可持续发展；有助于改善生态环境，减少环境污染，保护生物多样性，提高生态效益；有助于提高人民生活品质，倡导绿色生活方式，培育绿色文化精神，提升人民精神境界。

（一）绿色经济文化带的区域布局与规划

第一，绿色经济文化带的区域划分。绿色经济文化带可根据地理位置、资源禀赋、经济发展水平等因素进行划分。例如，可将中国划分为东部、中部和西部三个区域，每个区域可根据实际情况设立相应的绿色经济文化带。

第二，绿色经济文化带的规划目标与任务。绿色经济文化带的规划目标主要包括推动绿色经济发展、改善生态环境、提高人民生活品质、促进区域协调发展等；规划任务包括优化绿色经济结构、加强绿色技术创新、完善绿色金融体系、培育绿色人才等。

第三，绿色经济文化带的规划原则与技术路线。绿色经济文化带的规划原则主要包括生态优先、绿色发展、创新驱动、协调发展等；技术路线主要包括生态评价、绿色产业布局、绿色技术创新、绿色金融支持等。

（二）绿色经济文化带的建设

1. 绿色经济文化带的生态环境建设

当前，中国部分地区的生态环境问题仍然突出，如空气污染、水污染、土壤污染等。在绿色经济文化带建设过程中，应充分考虑生态环境现状，制定针对性的生态修复和保护措施。生态环境建设的主要任务包括生态修复、生态保护、生态监测等方面。目标是通过实施一系列生态工程，提高生态环境质量，提高生态系统的稳定性和自我修复能力。

在生态环境建设过程中，应充分利用现代科技手段，如遥感技术、GIS 技术等，进行生态监测和评估。同时，应加强生态修复技术的研究和应用，如土壤修复技术、水体修复技术等。此外，还应加强生态环境管理，建立健全生态环境保护制度，提高生态环境保护水平。

2. 绿色经济文化带的绿色文化建设

在绿色经济文化带建设过程中，应加强绿色文化的传播与推广。通过举办绿色文化活动、建设绿色文化设施、开展绿色文化教育等方式，提高公众对绿色文化的认知度和参与度。

政府应制定相关政策支持绿色文化的发展，如加大对绿色文化产业的扶持力度，鼓励企业投资绿色文化产业；加强绿色文化教育的投入，提高公众的绿色文化素养等。

3. 绿色经济文化带的绿色科技创新

在绿色经济文化带建设过程中，应建立健全绿色科技创新体系与机制，包括加强绿色科技创新平台建设、推动产学研合作、完善绿色科技创新政策等。

绿色科技创新的关键技术包括新能源技术、节能技术、环保技术等。在绿色经济文化带建设过程中，应加强对这些关键技术的研发和应用，推动产业升级和经济发展。

4. 绿色经济文化带的绿色金融支持

在绿色经济文化带建设中，绿色金融发挥着至关重要的作用。为了保障绿色金融的健康发展，需要建立完善的政策体系与机制。这包括制定绿色金融发展的战略规划，明确政策目标和导向；建立健全绿色金融法律法规体系，为绿色金融提供法律保障；加强绿色金融监管，确保资金投向绿色产业和环保项目；推动绿色金融产品和服务创新，满足市场需求。

绿色金融产品的丰富程度和应用广度是衡量绿色金融发展水平的重要指标。在绿色经济文化带建设中，应推广和应用绿色信贷、绿色债券、绿色保险等金融产品，支持绿色企业和项目的融资需求。同时，还应探索开展绿色资产证券化、绿色基金等创新产品，拓宽融资渠道，降低融资成本。

5. 绿色经济文化带的绿色人才培养

在绿色经济文化带建设中，需要大量具备绿色知识和技能的人才来推动绿色经济的发展。因此，加强绿色人才培养显得尤为重要。

为了培养更多的绿色人才，需要建立完善的绿色人才培养体系。这包括加强绿色教育体系建设，推动绿色教育进课堂、进教材；加强绿色职业培训体系建设，提高从业人员的绿色素质和技能水平；加强绿色人才交流与合作，引进国际先进的绿色人才和技术。

政府应出台相关政策支持绿色人才培养。例如，加大对绿色人才培养的投入力度，提高绿色教育和职业培训的补贴标准；建立绿色人才激励机制，对在绿色经济领域做出突出贡献的人才给予表彰和奖励；加强绿色人才流动和引进政策的制定，吸引更多优秀绿色人才来到绿色经济文化带发展。

随着全球对可持续发展的认识不断加深，绿色经济文化带的发展前景十分广阔。未来，绿色经济文化带将成为推动区域可持续发展的重要力量。通过加强生态环境、绿色文化、绿色科技创新、绿色金融支持和绿色人才培养等方面的建设，绿色经济文化带将实现经济、文化、生态的和谐发展，为人类社会的可持续发展做出积极贡献。

（三）绿色经济文化带的实践

以黄河为例，黄河是中华民族的母亲河，是中华民族和中华文明赖以生存发展的宝贵资源。坚持人与自然的和谐共生、以人民为中心的发展思想，协同推进生态保护、经济发展和文化建设，不断增强人民的获得感、幸福感、安全感。提高"绿水青山"转化为"金山银山"的实践能力，坚持生态文化产业化、融合化的绿色发展定力。生态保护、经济发展、社会进步和文化繁荣是构建沿黄绿色经济文化带的基本内核，也是沿黄地区高质量发展的必然选择。坚持生态优先、绿色高质量发展之路，最终形成生态效益、经济效益和文化效益彰显的黄河流域生态保护和高质量发展战略的绿色经济文化示范带。

练习与思考

1. 请分析茶文化绿色经济金融管理模式的特点及其应用。
2. 请阐述农耕文化与绿色经济协同发展的关系。
3. 请探讨红色文化传承与绿色经济的融合发展策略。

参考文献

[1] 安国俊. 绿色低碳发展的金融路径 [J]. 中国金融, 2024 (06): 80-81.

[2] 白永秀, 赵兴花. "中国经济学"的概念演进与内涵变化 [J]. 东南学术, 2024 (02): 97-109+247.

[3] 陈巧玲, 李璐. 延安红色文化的经济功能探究 [J]. 中学政治教学参考, 2020 (42): 39-41.

[4] 陈帅. 基于农耕文化与经济的协同对实现乡村文化发展的影响 [J]. 农业经济, 2024 (02): 67.

[5] 代明慧, 于法稳. 气候变化背景下农业绿色发展能力提升研究 [J]. 中州学刊, 2024 (04): 49-56.

[6] 邓宗兵, 肖沁霖, 王炬等. 中国数字经济与绿色发展耦合协调的时空特征及驱动机制 [J]. 地理学报, 2024, 79 (04): 971-990.

[7] 杜雅男. 绿色金融对新能源产业发展的影响研究 [J]. 统计理论与实践, 2022 (07): 50.

[8] 范为. 以绿色发展理念引领文化产业园区科学发展 [J]. 行政管理改革, 2018 (06): 66-68.

[9] 高玉婷, 李波. 大数据试验区建设助推经济绿色发展的机制与实现路径 [J]. 中南民族大学学报（自然科学版）, 2024, 43 (02): 280-288.

[10] 关乐宁. 共享经济发展与扩大内需战略：机理、梗阻及路径 [J]. 消费经济, 2023, 39 (06): 90-100.

[11] 郭丽华, 陈立铭. 绿色经济发展路径研究——基于"区块链—绿色资源币"视角 [J]. 税务与经济, 2022 (04): 83-89.

[12] 郭毅敏, 储小平. 双碳目标驱动下环境规制对我国工业绿色发展的影响 [J]. 工业技术经济, 2024, 43 (05): 113-118.

[13] 海勃. 循环经济理念下绿色经济型酒店营造措施 [J]. 中国集体经济, 2022 (26): 83.

［14］韩旭. 让红色文化传承与绿色经济发展有效融合［J］. 人民论坛，2018（29）：86-87.

［15］何超，韩晗. 搜寻匹配理论的发展和在宏观经济学中的应用［J］. 经济学（季刊），2024，24（01）：1-16.

［16］贾敏. 中国式现代化绿色发展方式的生态意蕴［J］. 中学政治教学参考，2024（15）：91.

［17］李涛，王日影. 生产性服务业集聚与城市绿色发展［J］. 北京工商大学学报（社会科学版），2023，38（02）：114-126.

［18］李亚卿. 经济学［M］. 上海：上海财经大学出版社，2009.

［19］李志青. 绿色发展的经济学分析［M］. 上海：复旦大学出版社，2019.

［20］梁静，马威，李迪. 经济学［M］. 成都：电子科技大学出版社，2020.

［21］梁喜，胡鑫. 考虑区块链和产品回收的绿色供应链定价决策［J］. 计算机集成制造系统，2023，29（11）：3851-3868.

［22］刘德海. 绿色发展［M］. 南京：江苏人民出版社，2016.

［23］刘儒，何莉. 以绿色发展促进乡村全面振兴：目标任务、基本依循与路径优化［J］. 西北农林科技大学学报（社会科学版），2024，24（03）：1-10.

［24］刘胜，徐榕鑫，陈秀英. 中国服务业综合改革的绿色创新效应［J］. 当代财经，2023（09）：111-122.

［25］刘潭，徐璋勇. 中国绿色金融与低碳经济耦合协调及时空特征［J］. 统计与决策，2024，40（08）：144-149.

［26］刘元春. 大时代下宏观经济学面临的挑战与变革［J］. 上海财经大学学报，2022，24（04）：3-17.

［27］孟根龙，杨永岗，贾卫列. 绿色经济导论［M］. 厦门：厦门大学出版社，2019.

［28］宁琳琳，包庆德. 以人民为中心绿色发展理念对中国传统文化的创造性转化［J］. 系统科学学报，2024（03）：53-59.

［29］盛名. 红色文化开发需坚持经济效益与思想价值并举［J］. 人民论坛，

2018（27）：136-137.

[30] 司东伟. 茶文化与茶叶经济发展的关系研究［J］. 福建茶叶，2017，39（09）：234-235.

[31] 孙琳，葛燕燕，姜姝. 绿色发展理念驱动中国式现代化的辩证法研究［J］. 南京农业大学学报（社会科学版），2023，23（03）：11-20.

[32] 唐动亚，吴加恩，康贺. 当代中国绿色经济发展研究［M］. 长春：吉林人民出版社，2019.

[33] 汪浩，崔卫国. 绿色发展理念的经济学解读［M］. 北京：人民出版社，2022.

[34] 王嘉琪. 茶文化产品对茶文化经济发展的影响［J］. 营销界，2019（19）：54-55.

[35] 王璐，段秋爽. 新时期新型工业化绿色发展道路及其意义研究［J］. 新型工业化，2024，14（03）：72.

[36] 王树众. 碳中和与能源绿色发展［M］. 西安：西安交通大学出版社，2023.

[37] 王伟，姚文艺，张攀等. 黄河流域生态治理与生态经济协同发展模式研究进展［J］. 人民黄河，2024，46（02）：129-134+141.

[38] 魏光兴，宋燕龄. 农产品供应链绿色发展困境及对策研究［J］. 农业经济，2024（04）：130-132.

[39] 魏丽莉，修宏岩，侯宇琦. 数字经济对城市产业生态化的影响研究——基于国家级大数据综合试验区设立的准自然试验［J］. 城市问题，2022（11）：34-42.

[40] 吴传清，邓明亮. 数字经济发展对中国工业碳生产率的影响研究［J］. 中国软科学，2023（11）：189-200.

[41] 熊金武. 构建中国经济学自主知识体系的历史基础［J］. 学习与探索，2024（01）：46.

[42] 徐晓波，王正. 长江中游城市群绿色发展效率时空演变轨迹及特征研究［J］. 河北工程大学学报（社会科学版），2023，40（03）：8.

[43] 徐喆，吕杰. 环境规制与新能源产业发展：演化逻辑及优化路径［J］. 内

蒙古社会科学，2023，44（01）：124-130.

[44] 薛伟. 数字经济与绿色经济的结合——物联网的应用［J］. 信息化建设，2016（03）：103.

[45] 闫晓静，边宏广，孟悌清等. 农业经济与绿色经济协同发展动力机制及实现路径［J］. 农业经济，2023（03）：12-14.

[46] 杨瑞龙. 中国微观经济学理论逻辑体系的构建［J］. 经济学动态，2023（04）：3-12.

[47] 姚战琪，彭梦圆. 服务业开放对城市绿色发展的影响研究：基于服务贸易创新发展试点的准自然试验［J］. 国际经贸探索，2024，40（03）：4-20.

[48] 易佳. 低碳经济与绿色经济的辨证关系及发展路径研究［J］. 商业2.0，2023（11）：7.

[49] 俞宁. 现代经济学的科学范式与中国潜能［J］. 中国科学基金，2024，38（02）：372-376.

[50] 袁春剑. 中国生态经济发展水平的统计测度［J］. 统计与决策，2024，40（03）：106-111.

[51] 翟琼，朱培伟，任仁. 环境规制、生产性服务业集聚与城市绿色创新［J］. 宏观经济研究，2022（12）：98-114.

[52] 张顿，曾绍伦. 工业经济高质量发展与区域生态环境保护耦合协调研究——以贵州为例［J］. 生态经济，2023，39（11）：148-155.

[53] 张明，路先锋，吴雨桐. 数据要素经济学：特征、确权、定价与交易［J］. 经济学家，2024（04）：35-44.

[54] 张娜，米倩玉，邓嘉纬等. 新能源崛起对中国新能源产业战略的影响［J］. 中国软科学，2024（02）：1-8.

[55] 张腾，蒋伏心. 科技金融、技术创新与经济高质量发展［J］. 统计与决策，2023，39（09）：142-146.

[56] 张亚丽. 经济学［M］. 广州：中山大学出版社，2020.

[57] 张艳，王伟舟. 经济学［M］. 北京：北京理工大学出版社，2018.

[58] 赵志君. 数字经济与科学的经济学方法论［J］. 理论月刊，2022（02）：

68-78.

［59］周杰琦，陈达，夏南新. 人工智能对绿色经济增长的作用机制与赋能效果——产业结构优化视角［J］. 科技进步与对策，2023，40（04）：45-55.

［60］周静. 新时代红色文化资源开发路径探索：基于新经济地理"3D"框架的视角［J］. 湖湘论坛，2024，37（02）：116-124.

［61］周长益. 绿色发展经济学概论［M］. 杭州：浙江教育出版社，2018.